중국 고대사의 문을 열다 (철기문화의 시작, 춘추전국 시대)

중국 주나라의 흥망성쇠와 첫 분열 시대인 춘추전국 시대를 이해하는 첫걸음

동해

황해

동중국해

[중국 고대사의 문을 열다] 주요 연표

BCE		
	· 1046년	무왕 즉위, 상을 멸망시킴
	· 770년	평왕, 낙읍으로 천도(서주의 멸망과 동주의 시작)
	· 722년	춘추 시대 시작
	· 685년	제 환공, 관중 등용
	· 656년	제 환공, 중원의 패권 차지
	· 551년	공자 탄생
	· 453년	진(晉), 한 · 위 · 조로 분열, 전국 시대의 본격화
	· 356년	진(秦) 상앙, 법령 개정 착수
	· 221년	진(秦), 전국 통일

중국 고대사의 문을 열다

Thinking Power Series - World History Collection 04
Age of "Zhou Dynasty" and
the "Chunqiu-Warring States" Period

Written by Shim Won-shub.
Published by Sallim Publishing, 2018.

제4차 산업혁명 세대를 위한
생각하는 힘 세계사컬렉션 **04**

철기문화의 시작, 춘추전국 시대

중국 고대사의 문을 열다

심원섭 지음

살림

| 일러두기 |

중국 지명 중 현대까지 이어지는 지명은 현대 중국어 발음으로 표기한다. 단, 현재는 사라진
옛 지명·널리 알려진 역사적 사건·사적명에 쓰인 경우는 한문 독음으로 표기한다.
(예: 호경, 조가, 목야 전투, 여산릉)

분열과 혼란 속에서 중국인이 선택한 길은?

중국의 역사는 황허강 유역의 청동기 문화를 토대로 하·상·주 3개국이 연이어 등장하면서 본격적으로 펼쳐진다. 현재 고고학 발굴 성과 등에 따라 하·상·주는 더 이상 전설 속에만 존재하지 않으며, 각국의 정치 상황과 사회·문화가 속속 드러나고 있다. 특히 상나라와 주나라의 경우에는 문헌 기록뿐만 아니라 이를 뒷받침해줄 수 있는 청동기 명문(청동기에 새겨져 있는 글자들)에 그들의 흥망성쇠가 잘 남아 있어 우리에게 다양한 이야깃거리를 전해주고 있다.

이러한 여러 자료를 바탕으로 이 책에서는 상나라의 뒤를 이은 주나라의 성장과 쇠퇴, 중국 역사의 첫 번째 분열과 혼란이라 할 수 있는 '춘추 시대'와 '전국 시대'에 대해 다루어보고자 한다.

신에게 제사를 지내고 점을 쳐서, 그 결과에 따라 나라를 운영했던 상나라와 달리, 주나라는 하늘의 뜻, 즉 천명(天命)을 내세워 성립의 정당함을 내세우고 국정을 이끌어갔다. 그리고 왕은 그와 혈연관계에 있는 이들을 제후로 삼아 자신에게 충성을 다하도록 했다.

그러나 주나라의 치세에도 시련은 찾아왔다. 나라 안팎으로 발생한 문제들로 다시 걷잡을 수 없는 혼란의 시대를 맞은 것이다. 그렇게 기원전 8세기부터 춘추 시대가 시작되었다. 주나라 왕실의 지위는 껍데기뿐인 상황에서, 유력한 제후국들이 서로의 힘을 과시하며 중원의 강자가 되고자 수백 년간 치열하게 다투었다. '춘추'라는 말은 공자가 엮은 노나라의 역사서인 『춘추』에서 유래했다.

한편, 전국 시대는 춘추 시대에 이어 많은 나라가 주나라의 그늘에서 벗어나 최고가 되려고 경쟁했던 시기이다. 이때에 이르면 모든 나라의 통치자가 왕이라 하면서 국력을 과시했기 때문에, 주나라는 더 이상 체면을 세우지 못하는 작은 세력으로 줄어들고 사그라져갔다. '전국'이라는 시대 명칭은 한(漢)나라의 유향이 쓴 『전국책』에서 유래했다.

우리에게 중국 역사는 거대한 영토와 그만큼 많은 인구, 그리고 그 위에 군림한 절대적 통치자인 황제의 나라로 인식되어 다가온다. 수·당·송·원·명·청 등 여러 왕조가 수준 높은 통치 체제를 가지고 다스려지면서 동아시아의 강자 자리를 계속 지켜왔다고 생각하는 사람들이 많을 것이다.

그런데 수많은 왕이 등장하고 천자(天子)라고 불렸던 이가 터럭만큼의 값어치도 없을 정도로 형편없는 존재가 되었던 때가 있다는 것은 새삼 신선하기까지 하다. 그리고 이러한 상황 속에서 중국의 역사는 꾸준히 통합과 성장을 꿈꾸었고 그것을 이루어냈다는 것도 흥미롭다.

이제 주나라의 화려한 등장과 그보다 더 복잡한 춘추전국 시대의 중국을 살펴봄으로써 '제국'이라는 단어가 잘 어울리는 중국이 아닌, '좌충우돌'과 '치열한 경쟁'이 가득한 중국의 모습을 만나보자.

2018년 4월

심원섭

• 차례 •

제4장 춘추 시대의 전개

제5장 전국 시대의 전개

20세기 후반에 중국 학계는 여러 전문가로 이루어진 팀을 꾸려 중국 초기 역사에 등장한 하·상·주나라의 연대를 확정하기 위한 연구를 진행했고, 그 결과를 2000년에 발표했다. 그에 따르면 상나라는 기원전 1600년경부터 기원전 1046년까지 있었던 나라였다. 600년 가까운 긴 시간 동안 존속했다는 건, 그만큼 상나라의 군주들이 통치를 잘해왔음을 의미하기도 한다. 그러나 상나라도 멸망의 기운을 피해 가지 못했으니, 포악한 군주의 출현과 정사에 대한 무능력 등 막장 드라마와 같은 결말이 기다리고 있었다. 그러나 끝이 있으면 시작도 있는 법. 상나라의 멸망은 주나라의 시작으로 이어졌다. 가만히 있다가 나라가 망하는 것이 아니라, 계속 사람들이 움직이고 살길을 마련하여 무너진 궁전의 지붕을 뚫고 새로운 기둥이 솟아난 것이다. 그리고 보다 역동적인 중국의 역사가 시작되는 순간을 맞이하게 된다.

제1장

상나라가 멸망하고 주나라가 서다

01

상나라의 쇠퇴

상나라의 제22대 국왕인 무정왕(재위: 기원전 1250~기원전 1192)은 통치 기반을 다지고 국력을 키워 국가를 발전시켰다. 정치·경제·문화 등 여러 면에서 크게 성장하면서 무정왕 때의 상나라는 백성들이 살기 좋은 이상적인 국가가 되었다.

그러나 그가 사망한 이후 상황은 크게 바뀌어갔다. 우선 통치 세력의 부패가 점차 심화되었는데, 『상서』라는 역사서에 따르면 무정왕 이후의 왕들은 안일했고 백성의 어려움을 잘 알지 못했으며, 자신들의 즐거움만을 추구했다.

타락한 국왕과 부도덕한 관리가 만든 상나라의 최후

상나라 말기에 이르러 제을왕(재위: 기원전 1101년경~기원전 1075년경)과 그의 아들인 주왕(재위: 기원전 1075~기원전 1046, 상나라의 마지막 왕)이 통치하던 때에는 상나라는 더욱 쇠퇴하고 민생이 악화되었다. 국왕과 지배층은 많은 별궁을 짓고 사치와 향락에 빠져 정사를 제대로 돌보지 않았고, 백성들에게 많은 세금을 거두어 나라의 창고를 가득 채우는 것에만 관심을 가졌다. 사마천이 쓴 역사서 『사기』에는 다음과 같이 실려 있다.

(상나라의 마지막 왕인) 주왕은 술을 좋아하고 여자도 좋아했다. 특히 달기라는 여자에 빠져 그녀의 말은 무엇이 되었든 전부 들어주었다. ……그는 모래 언덕에 큰 놀이터와 별궁을 지었으며 많은 들짐승과 날짐승들을 풀어놓고 길렀다. ……술로 채운 연못을 만들고 고기를 나무에 매달아 숲을 만들었으며, 그곳에서 남녀가 벌거벗고 밤낮없이 먹고 마시며 즐겼다.

이것이 바로 그 유명한 '주지육림(酒池肉林)'을 묘사한 것이다. 이를 통해 주왕이 국정을 외면한 채 자신의 쾌락만을 위해 얼마나 많은 국가 재정을 낭비했는지 알 수 있다. 이 밖에도 주나라 때에 만들어진 청동기에는 상나라 말기에 왕뿐만 아니라 여러 신하까지 모두 술독에 빠져 있었다고 새겨놓았다.

주왕의 문제는 이것뿐만이 아니었으니, 바로 상상할 수 없는 잔인한 형벌로 죄인을 다루었다는 점이다. 대표적으로 구리 기둥에 기름을 바르고 이를 불로 달군 뒤 죄인들에게 그 위를 걸어가게 한 형벌이 있다. 이처럼 주왕의 포악함이 혀를 내두르게 할 정도였으니 상나라의 멸망은 돌이킬 수 없는 일이었다.

지배층 내부의 갈등도 심각한 상태였다. 주왕은 경험이 풍부한 베테랑 관료들을 멀리하고 비간과 같은 나라에 충성을 다한 신하들을 처형했다. 그리고 능력도 없고 온갖 부정과 범죄를 저질러 자격이 없는 사람들에게 높은 관직을 내렸다.

참으로 어처구니없는 주왕의 이러한 행동에 상나라의 다른 세력가들도 마음을 돌리게 되었고, 각지의 여러 집단이 상나라의 영향력에서 벗어나버렸다.

그리고 오랫동안 상나라의 통치 아래에 있던 주(周)가 세력을 확대하면서 강자로 떠올라, 천하의 주도권이 상에서 주로 넘어가게 되었다. 이제 중국의 정세는 새로운 시대를 맞이할 운명에 놓이게 되었다.

02

주나라의 성장

주족(周族)은 황허강의 한 지류인 웨이수이강 중류의 황토 고원에서 성장한 민족이었다. 이 지역은 토지가 비옥하고 많은 생산품이 있어 풍족한 생활이 가능했다. 이러한 이점을 살려 주족은 활발하게 성장해나갈 수 있었다.

농경과 곡식의 신 후직의 후예, 주족이 등장하다

중국 전설에 따르면, 주족의 시조는 '후직(后稷)'으로, 이름이 기(棄)이다. 어머니는 유태씨의 딸인 강원이라고 하는데, 강원이 들에 나갔다가 거인의 발자국을 밟고 임신을 하게 되어 후직을

• 후직의 초상
후직은 전설상의 주나라 희씨의 조상이다. 서주 때 정식으로 후직을 농사를 담당한 관직명으로 삼았다. 중국이 농업을 중시하면서 전통적인 관례에 따라 그를 오랫동안 농경의 신으로 받들어 제사를 지내왔다.

낳았다고 한다.

이후 후직은 어머니의 집단에서 성장했는데, 커가면서 농사에서 뛰어난 재능을 보여 기장·보리·콩 등 다양한 작물을 다 경작할 정도였고, 요 임금 때 농사를 관장하는 관리로 활약했다. 한 나라의 농경을 담당했고, 지금 중국에서는 농경과 곡식의 신으로 추앙받는 후직의 후예가 주족이었으니, 주족이 매우 발달한 농경문화를 가지고 있었음은 의심의 여지가 없다.

주족은 후직 이후 여러 대를 지나 공류라는 사람이 이끌게 되었다. 그러면서 이들의 근거지를 태에서 빈으로 옮겼고, 하천 주변을 개발하여 농토를 넓히며 이곳을 삶의 터전으로 만들었다.

그리고 농기구를 개량하여 농업 생산력을 높이는 한편, '철전위량(논밭의 세를 거두어 양곡을 저장함)'이라는 제도를 시행하여 나름 발달한 정치 수준을 보였다.

그런데 공류의 제9대 손인 고공단보 때에 이르면 주족은 '융적'이라 불린 유목 민족에게 시달림을 당했다. 이에 고공단보가 주족을 이끌고 치산(岐山) 지역으로 이동했는데, 성곽을 세우고 방비를 튼튼히 하여 안정된 생활을 할 수 있도록 했다.

그러자 다른 인근의 부족들도 함께 치산으로 이주했다. 이후 주족은 내부에 '읍'이라는 구역을 정하고 거주지를 만들어 그곳에 각 집단 사람들이 나누어 살도록 했다.

이러한 점을 통해 고공단보가 통치하던 시기에 주족은 단순한 부족 사회가 아닌, 국가의 초기 모습을 갖추어갔다고 평가를 받는다. 이를 뒷받침하듯, 주족 사람은 고공단보를 태왕으로 삼아 자신들의 지배자로 인정했다. 그리고 여러 역사서에서 그를 주 왕조를 창건한 사람으로 기록했다.

03

주 문왕의 등장

고공단보의 뒤를 이어 셋째 아들인 계력이 주족을 통치했다. 계력은 상나라에 공물을 바치며 복종하기로 함으로써 우호관계를 맺었고, 상나라도 이를 받아들였다. 그러면서 주족은 계속 세력을 키워 융족을 제압하고 주변을 복속시켜나갔다. 그러자 주족의 성장에 위협을 느꼈는지 상나라 국왕 문정이 계력을 살해하는 사건이 일어났고, 그 뒤를 아들인 희창이 잇게 되니 그가 바로 주 문왕이다.

문왕은 농업 발달에 더욱 힘을 쏟아 주족의 경제력을 성장시켰다. 여러 기록을 보면 문왕은 자신이 직접 땅을 일구고 농사를 짓는 솔선수범의 모습을 보였다고 한다. 이렇게 문왕이 몸소 주족의 발전에 백성들과 함께했기 때문에, 그들의 마음을 더 잘 이해하고 민생을 최우선으로 하는 정책을 펴나갈 수 있었다.

백성을 위하는 문왕의 마음은 다른 제도에서도 확인할 수 있는데, 그 예로 범죄자의 가족을 노예로 삼지 않는 법령을 제정한 것, 상인의 자유로운 활동을 보장하여 상업을 성장시킨 것 등을 꼽을 수 있다.

특히 정전법(井田法)은 농토를 9등분하여 나누어 갖고 가운데의 땅은 공동으로 경작하여 그곳에서 수확한 곡식을 나라에 바치는 제도로 문왕의 애민정신을 잘 보여준다.

그러면서도 문왕 자신은 매우 검소하고 절제된 생활을 하여 다른 사람들의 모범이 되고 주족의 풍속도 건전하게 만들 수 있었다.

주 문왕의 노블레스 오블리주 리더십

문왕의 바른 생활에 얽힌 일화로 다음과 같은 이야기가 전한다. 상나라의 서쪽에 있던 '우'와 '예'라는 두 집단 간에 영토 분쟁이 발생했는데, 각 집단의 지도자가 주 문왕의 높은 인품을 익히 듣고 갈등을 해결해달라고 요청하고자 찾아갔다.

그런데 그들이 주족의 영역으로 들어선 이후부터 가는 곳마다 사람들이 서로 양보하고 도와주는 등 사회의 질서가 매우 반듯하게 유지되고 있는 모습을 계속해서 보게 되었다. 우와 예의 지도자는 그제야 자신들의 이기적이고 상대를 배려할 줄 몰랐던 태도를 반성하고 돌아가 사이좋게 지내기로 했다. 주 문왕을 직접 만나지도, 그에게 어떠한 조언도 듣지 않았지만, 훌륭한 통치자가 실천을 통해 백성들을 변화시킬 수 있음을 직접 확인했으니, 그보다 더 강렬한 가르침은 없었다.

　　이렇게 말과 행동, 마음과 실천이 같은 문왕의 바른 정치가 다른 집단의 충돌도 사그라들게 할 정도라는 이야기가 사방으로 퍼져나가면서, 문왕을 찾아와 우호관계를 맺으려는 집단이 늘어나게 되었다. 문왕 때에 주나라는 주변에 모범이 되어 중심이 될 수 있는 세력임이 여실히 증명되었던 것이다.

04

문왕, 시련을 극복하고 인재를 등용하다

주족이 여러 집단과 손을 잡으며 커가고 있던 반면, 상나라의 주왕은 날이 갈수록 포악해져갔다. 그의 악행은 상나라를 따르던 집단들에게도 피해를 줬다.

상 왕실을 섬기던 대표적인 집단의 우두머리로 구후, 악후 등이 있었는데, 그 가운데 구후의 딸이 상나라의 궁녀로 선발되어 간 일이 있었다. 그런데 그녀가 주왕이 음란하게 굴자 이를 싫어했고, 화가 치밀어 오른 주왕이 그녀와 그녀의 아버지 구후까지 죽여버렸다. 이 소식을 들은 악후가 구후의 억울한 죽음을 호소했지만, 그도 역시 주왕에게 극형을 받아 처형되었다.

제1장 상나라가 멸망하고 주나라가 서다

누구보다도 상나라의 왕실을 따르고 있던 큰 집단의 지도자들이 주왕의 횡포로 목숨을 잃게 되자, 이 상황을 주시하고 있던 주문왕은 자신에게도 화가 미칠 것으로 생각했다.

절체절명의 위기와 마주한 문왕

아니나 다를까. 주왕의 측근인 숭후호가 주족을 따르는 집단이 많아지고 있어 장차 상나라의 위협이 될 것이라고 말했고, 이에 주왕은 문왕을 잡아 가두었다.

그리고 후환을 없애기 위해 주왕은 문왕의 큰아들인 백읍고를 잡아와 죽인 후 가마솥에 넣고 탕으로 만들어 문왕에게 먹게 했다. 참으로 끔찍한 짓이 아닐 수 없었다. 아들로 만든 음식을 아비에게 먹도록 하는 극악무도한 주왕의 행동에 문왕은 참을 수 없는 분노와 슬픔으로 걷잡을 수 없는 혼란에 빠졌다.

그러나 주왕의 노여움을 피하고 감금에서 벗어나기 위해 문왕은 모른 척 음식을 다 먹었다. 문왕이 아들을 죽여 만든 음식임을 눈치채지 못한 것처럼 행동하자 주왕은 그제야 문왕에 대한 경계를 풀 수 있었다.

이후 문왕의 신하들이 주왕에게 뇌물을 바치고 그를 구해내는 데 성공했다. 감금에서 풀려난 문왕은 주족이 차지하고 있던 영역 일부를 주왕에게 바쳐 다시 한 번 의심에서 벗어나고자 했다. 그러면서 주왕에게 잔혹한 형벌을 없애달라고 요청하여 허락을 얻어내었다.

이러한 문왕의 활동은 주왕의 의심 어린 시선에서 벗어나게 하는 한편으로 천하의 민심을 더 많이 얻는 계기가 되었다. 많은 사람에게 포악한 상나라 국왕보다 주 문왕이 천하의 으뜸이라고 생각하게 만든 것이었다. 그 결과 어쩔 수 없이 상나라를 따르던 집단들이 더 많이 주 문왕에게로 돌아서게 되었다.

부드러운 카리스마로 '인재'라는 창끝을 벼리다

곤경에서 벗어난 이후 주 문왕은 작심한 듯 사방에서 인재를 구하는 데 많은 노력을 기울였다. 이들을 등용하여 더욱 막강한 주를 만들기 위함이었다.

하루는 사냥을 나갈 생각으로 길을 나서기 전에 점을 쳤는데, 뛰어난 사람을 얻는 큰 수확이 있을 것이라는 점괘가 나왔다. 그러자 문왕은 출발에 앞서 며칠 동안 경건한 몸가짐을 갖춘 후에 사냥을 떠났고, 웨이수이강 북쪽에서 예언대로 한 사람을 얻게 되었으니, 그가 바로 강태공(태공망)이다. 문왕은 강태공을 데리고 돌아와 높은 관직을 주고 능력을 발휘할 기회를 주었고, 그 은혜에 보답하듯 강태공은 주가 상나라를 멸망시키고 천하의 으뜸이 되는 데 중요한 역할을 했다.

또 고죽이라는 집단의 지도자에게 백이와 숙제라는 두 아들이 있었다. 고죽의 지도자는 죽을 때 동생인 숙제에게 통치권을 물려주려 했다. 그러나 아버지가 사망한 후 숙제는 형인 백이에게 지배자의 지위를 양보하며 권력에 욕심을 보이지 않았다. 백이도 동생과 마찬가지로 우두머리가 될 뜻이 없었기 때문에 결국 두 사람은 인재를 아낀다는 주 문왕에게 가서 통치권을 맡기고 욕심 없이 원하는 삶을 살았다. 주왕의 신하였던 신갑도 주로 도망쳐 왔는데, 문왕이 그의 뛰어남을 알아보고는 귀하게 맞이한 후 높은 관직을 내려주었다. 이 소식을 들은 상나라의 많은 관리가 앞다투어 주 문왕을 찾아들었다.

이렇게 주 문왕의 주변에는 인재들이 차고 넘치게 되었고, 충신도 마음에 들지 않으면 내치고 간신배들만 가까이 두었던 주왕과 크게 비교되었다.

05

주의 상나라 정벌

문왕은 50년간 주족을 다스렸는데, 그 기간 중 마지막 7년 동안은 상나라를 정벌하고 세상에 정의를 실현하기 위한 준비를 했다.

아들의 죽음과 상나라 안의 많은 집단의 불만, 심지어 상나라 관리들의 반발 등 문왕은 더는 주왕의 횡포를 두고 볼 수만은 없었다. 이 시기에 문왕은 드디어 자신을 '왕'이라 일컬으면서 상나라의 주왕과 대등한 존재임을 만천하에 공표했다.

이는 지난 수십 년간 온갖 치욕과 분노를 견뎌내며 주족을 성장시킨 결과 이제는 상나라를 멸망시키고 새 세상을 만들 수 있다는 자신감에서 나온 일이었다.

문왕, 한 걸음씩 포위망을 좁혀가다

역사서의 기록에 따르면 문왕은 자신을 왕이라 일컬은 뒤 여러 가지 큰 발자취를 남겼다고 한다. 그중 하나는 앞에서 이야기했던 우와 예의 분쟁을 해결한 일이다. 두 번째는 북방에 있던 견융 세력을 정벌한 것, 세 번째는 서쪽에 있던 밀수라는 세력을 공격한 것이었다. 문왕은 주족을 위협했던 세력뿐만 아니라 여전히 상나라를 따르고 있는 집단들도 제압함으로써 상나라의 힘을 약화시켜 나갔다.

이 밖에도 문왕은 기, 한이라는 세력을 정벌했다. 이 둘은 상나라의 중심지와 가까운 곳에 있어 상나라 편을 들었던 집단이었기 때문에, 이들을 정벌함으로써 상나라에 대해 선전포고를 한 것이었다. 여기에 더하여 상나라의 중심지로 들어가기 위한 관문이나 다름없는 숭까지도 정벌했으니, 주왕을 직접 노리겠다는 것과 다름없었다.

그리고 문왕은 주족의 도읍지를 동쪽으로 옮겨 상나라와 가깝도록 하여, 상나라를 칠 군사력을 집중시켰다. 이렇게 주 문왕이 무서운 기세로 상나라 이곳저곳을 복속시키며 막강한 힘을 과시한다는 소식을 전해 들은 주왕은 두려움에 떨 수밖에 없었다.

그러나 그토록 치밀하게 계획하고 준비했던 문왕이었지만,

● **주 무왕 초상**

성은 희(姬)이고, 이름은 발(發)이다. 문왕의 아들이다. 상나라를 멸망시키라는 문왕의 유지를 받들 군대를 일으켜 주 임금을 정벌했다. 목야 전투에서 대승을 거두어 상나라를 멸망시키고, 주 왕조를 건설했다.

결국 일생일대의 목표인 상나라 정벌의 대업을 이루지 못하고 죽고 말았다. 그리고 그의 숙원은 아들인 발에게 이어졌으니, 바로 역사서에 기록된 주 무왕(재위: 기원전 1046년경~기원전 1043년경)이 었다.

무왕, 민심의 칼자루로 폭군을 몰아내다

무왕은 즉위 후 아버지와 마찬가지로 상나라를 정벌하는 데 온 힘을 기울였다. 상나라는 이미 안팎으로 혼란함이 극에 달했기 때문에 주와 그를 따르는 이들의 공격을 도저히 막아낼 수 없었다.

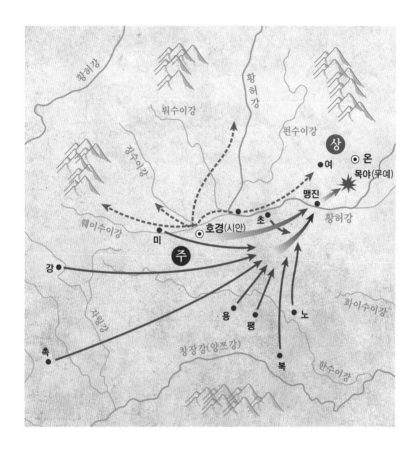

- **목야 전투**

  기원전 11세기에 상나라의 제신과 주의 무왕을 중심으로 하는 세력이 목야(무예)에서 벌인 싸움이다. 주의 승리로 끝나면서 약 600년을 이어온 상 왕조는 몰락하고 주 왕조가 중원 천하를 다스리게 되었다.

무왕은 즉위한 지 2년이 되면서 본격적으로 군사 활동을 펼쳤다. 처음에는 군대를 점검하고 상나라의 동태를 파악했다. 그리고 기원전 1046년부터 진정한 상나라 정벌 전쟁을 시작했다. 바로 '목야 전투'가 일어난 것이다. 무왕은 전투용 수레 수백 대, 국왕의 근위병과 중무장한 병사 총 5만에 가까운 병력을 동원했다.

이 밖에도 촉·강·노·팽 등 주와 연합한 여러 집단의 군사력 지원을 받아 40만 명 정도의 대군을 꾸렸다. 무왕의 군대는 큰 충돌 없이 황허강을 건넜으며, 상나라의 수도인 조가(朝歌: 지금의 허난성 신샹시 치현) 남쪽 부근의 목야(무예)에 도착했다.

상나라 주왕이 다급하게 병력을 이끌고 나와 무왕의 군대에 응전했는데, 병력이 70만 명에 달하여 무왕 군대보다 훨씬 더 많았다. 그러나 상나라 군대는 출병 전에 불길한 점괘를 얻고 나와 사기가 떨어진 상태로 전투에 임했다. 병력 구성도 노예와 가난한 백성들이 다수를 차지하고 있었으며, 그마저도 상나라의 폭정에 큰 불만을 품고 있었다.

결국 전투가 벌어지자 많은 상나라의 병사들이 주왕에게 등을 돌렸고, 결국 목야 전투는 무왕 군대의 승리로 끝났다. 이를 계기로 상나라는 더는 저항할 힘을 내지 못하고 무너져갔다.

무왕의 군대가 수도인 조가에 들어오자, 주왕은 이제는 저항

할 수 없음을 알고 왕궁에 불을 지른 후 스스로 그 불에 뛰어들어 목숨을 끊었다.

이렇게 상나라는 역사 속으로 사라지고 말았다.

때를 기다리니 능력을 펼칠 기회가 오누나

강태공은 여러 이름을 가지고 있으니, 강상·여상·강자아·태공망·사상보 등으로 불렸다. 그의 선조는 중국 전설 속에 등장하는 우임금을 도와 물과 땅을 정리하는 데 큰 공을 세웠다고 한다. 그러나 후대로 가면서 집안의 위세가 점차 낮아지면서 평범해지고 곤궁해지기까지 했고, 강태공은 음식 장사·도축업자·종업원 등 여러 가지 일을 하며 생계를 근근이 이어갔다. 또 잠깐이지만 상나라 주왕을 섬기며 관직 생활을 맛보기도 했다.

이런 상황을 보면 강태공이 때를 잘못 만난 것이지 결코 능력이 부족한 인물이 아니었음을 알 수 있다. 『사기』에서 강태공은 낚시로 시간을 보내며 때를 기다렸다고 전한다.

"지금 상나라는 너 나 할 것 없이 흐려서 끝없이 색을 밝히고 있다. 내가 보니 잡초가 곡식을 뒤덮고 사악함이 정직함을 이기고 있다. 관리들을 보니 도적처럼 포악해서 법을 깨뜨리고 형벌을 어지럽히고 있다. 그런데도 위아래는 이를 깨닫지 못하고 있으니 망국의 때가 온 것이다."

강태공이 남긴 상나라 정세에 대한 이런 평가를 보면 그가 일찍부터 출중한 식견을 가지고 있었음을 더욱 확신할 수 있다. 특히 그는 이미 상나라의 운명이 다했으며 천하의 뜻이 주나라로 넘어가고 있었음을 알고 주의 문왕을 만나고자 했다.

어느 날 문왕이 사냥을 나서기에 앞서 점을 쳤더니 "용이나 호랑이, 곰 같은 동물을 잡는 것이 아니라 패왕을 보좌할 신하를 얻을 것이다"라는 괘가 나왔다. 그리고 참으로 용하게도 사냥길에서 강태공을 만나게 되어 많은 이야기를 나누었고, 그가 비범한 인물임을 알게 되어 기쁨을 감추지 못했다.

문왕이 "우리 선군이신 태공(太公) 때부터 '성인께서 주에 오시면 주가 흥할 것이다'라고 했는데 당신이 바로 그분이신 거군요. 당신을 기다린 지 오래입니다"라고 말했는데, 여기에서 '태공망(태공이 기다린 자)'이라는 칭호가 나왔다고 한다. 결국, 강태공은 자신을 인정해준 주 문왕을 따라가서 그의 스승이 되었다. 그리고 주 무왕 때까지 그 지위를 이어갔다.

그런데 다른 이야기에 따르면 강태공과 주 문왕의 인연은 생각보다 오래되었다고 한다. 주 문왕이 상나라 주왕의 의심을 사서 잡혀 있을 때, 주 문왕의 신하인 산의생과 굉요가 강태공에게 조언을 구했고, 이때 강태공이 뇌물을 바쳐 구할 것을 제안했다는 것이다.

그는 그저 단순히 자신을 알아줄 사람이 나타나기를 막연히 바란 것이 아니라, 자신의 능력을 이곳저곳에서 발휘하면서 우연을 필연으로 만들어가고 있던 것이다. 사람이 자기의 최선을 다하고 그 결과를 기다린다는 '진인사대천명(盡人事待天命)'의 주인공이 바로 강태공이다.

주나라가 상나라를 멸망시킨 일은
어떻게 정당성을 얻을 수 있었을까?

주 무왕이 상나라를 멸망시키고 새로운 시대를 연 사실은 지금 우리가 볼 때 권선징악, 즉 정의가 승리한다는 상식이 통한 것이라고 볼 수 있다. 그러나 단순히 임금이 나라를 제대로 다스리지 못한다고 하여 무조건 몰아내고 새 왕조를 만드는 것만이 해결책은 아닐 것이다.

따라서 상나라의 뒤를 이은 주나라의 성립이 정당한 일이었음을 만천하에 밝히고 인정받는 절차가 필요했다. 바로 '명분(정당한 이유)'이 있어야 했다.

그렇다면 어떻게 해야 주나라가 천하를 다스리는 것이 정당한 일이라고 할 수 있고, 만백성에게 인정을 받을 수 있을까.

여기에서 우리가 주목해야 할 개념이 나오니, 바로 '천명(하늘의 뜻)'이라는 것이다. 천명은 인간의 판단력으로 사사로이 행동하는 것이 아니라, 세상의 이치를 만들고 운영하는 하늘이 옳고 그름을 따져 인간의 행동을 이끌어간다는 의미를 담고 있다. 큰 일을 앞두고 좀 더 신중하게 생각하고 움직여서 많은 사람에게 인정을 받기 위해서는 개인의 능력뿐만 아니라 신적인 존재의 선택도 있어야 했다.

상나라를 멸망시킨 주나라 무왕이 잠을 제대로 이루지 못하자 주공 단이 어찌 쉬지 못하시는지를 물었다. 그러자 무왕은 다음과 같이 말했다.

"하늘이 상나라의 제사를 받지 않았기 때문에 지금의 성공이 있게 된 것이다. 상나라가 천명을 받아 나라를 막 세웠을 때만 해도 현명한 이들이 많이 등용되어 오랫동안 잘 통치되었는데, 이렇게 쇠퇴한 지경에 이르렀다. 과연 하늘이 우리 주나라를 돕고 지키시려는 것인지 나는 아직 확신하지 못하겠다. ……하늘이 우리를 지키신다는 것이 확실해지면 밤낮없이 힘을 써서 나라를 안정시키고 백성을 위로할 것이다."

무왕은 자신을 따르는 세력을 이끌고 과감하게 상나라를 멸망시켰다. 그러나 과연 그것이 옳은 일이었는가에 대해 끊임없이 고민했다. 그러면서 머릿속에 계속 떠올렸던 단어가 바로 '천명'이었다.

그렇다면 우리의 역사에서도 주나라의 경우와 같이 정당성을 얻기 위한 논리를 폈던 사례를 찾아볼 수 있을지 생각해보자.

우리는 흔히 왕이 다스리는 국가라고 하면 왕의 명령이 곧 법이 되는, 왕이 모든 영토와 백성을 좌지우지하는 모습을 쉽게 떠올린다. 천상천하 유아독존의 군주를 생각할 수도 있다. 독재라는 단어가 익숙하다 싶은 느낌도 들 수 있다. 그런데 한 나라를 왕과 그의 친·인척이 나누어서 다스린다? 왕이 한 나라를 전부 책임지지 않는다? 이런 통치 방식이라면 좀 더 합리적으로 백성을 다스릴 수 있을까? 주나라하면 상징적으로 떠오르는 단어 중 하나가 바로 '봉건제'다. 그리고 이 제도는 중세 유럽에서 실시되었던 것과 현대의 지방 자치제 등에 곧잘 비교가 된다. 제후들을 가리키는 '공·후·백·자·남'의 5등급 작위 칭호가 우리에게 익숙한 것은, 한편으로 봉건제가 그만큼 오래된 제도라는 뜻이기도 하다. 그리고 공자가 주나라를 이상적인 국가라고 생각하고 흠모했던 것 역시 봉건제라는 통치 질서를 높이 샀기 때문이다. 왕이 가진 힘을 제후들과 나눠도 국가 운영이 가능할 수 있음을 보여준 주나라. 그래서 상나라 못지않게 오랜 역사를 갖게 되었지만 그 끝은 결국 또 다른 모습의 혼란이었다는 게 아쉬울 따름이다.

제2장

주의 정치적 발전

주 초기의 정치 불안

목야 전투의 승리로 주 무왕이 상나라를 물리치고 중국 역사의 새로운 장을 열게 되었다. 무왕은 수도를 호경(鎬京: 지금의 시안 인근)으로 삼는 한편, 주왕의 아들인 무경에게 상나라 수도 지역을 담당하여 살피도록 했다. 이는 멸망한 상나라 유민의 마음을 달래기 위함이었다.

그렇지만 무경이 혹시나 복수할 마음을 품고 반기를 들지 모르는 일이므로, 무왕은 자신의 동생들인 관숙·채숙·곽숙에게 무경의 주변 지역을 다스리게 하여 그를 감시하도록 했다. 이 세 명을 '삼감'이라고 불렀다.

수백 년의 긴 역사를 가진 상나라를 정벌한 주 무왕이었지만, 안타깝게도 이후 4년밖에 왕위에 있지 못하고 죽음을 맞이했다. 이제 주 왕조의 기틀을 잡고 나라를 굳건하게 만드는 일은 무왕의 아들인 송(성왕)에게 남겨졌다. 그런데 성왕(재위: 기원전 1043년경 ~기원전 1021년경)은 어린 나이에 즉위하여 정사를 제대로 돌볼 수 없었다. 이에 따라 무왕의 이복동생이자 성왕의 삼촌인 주공 단이 성왕을 보좌하며 국정을 대신 운영했다.

주공 단이 국가를 대신 이끌어가게 되었다는 소식이 관숙과 채숙에게 전해지자 두 사람은 불만을 품었다. 주공 단의 형제였던 둘은 국정 운영의 주요 권력이 주공 단에게 넘어가 세력 경쟁에서 밀릴까 두려웠던 것이다. 그래서 관숙과 채숙은 주공 단이 성왕에게 이롭지 않다는 유언비어를 사방에 퍼뜨려 정치 혼란을 일으켰다.

이렇게 주나라가 천하를 차지한 지 얼마 되지 않은 상태에서 여러 지배층이 대립하는 모습을 보이자, 이를 기회로 삼아 상나라의 잔여 세력이 주나라에 반기를 들고 일어났다. 그 대표적인 인물이 바로 무경이었는데, 그는 관숙·채숙과 손을 잡고 주나라 동쪽의 여러 집단을 제 편으로 끌어들여 대규모 반란을 일으켰다. 반란 세력이 만만찮은 규모라는 소식이 알려지자 주나라는

• 주공 단의 초상

성은 희, 이름은 단, 시호는 문공이며, 통칭은 주공이라고 불린다. 형인 무왕을 보좌했고, 무왕 사후엔 그의 어린 아들인 성왕을 보좌하고 주나라 건국 이후의 불안한 정국을 안정시켰다. 강태공과 소공 석 과 함께 주의 창업 공신 가운데 한 사람이다.

큰 불안감에 휩싸였다.

하지만 주공 단은 침착하게 대응했다. 반란군의 위세에 겁을 먹은 다른 지배층을 진정시키는 한편, 군대를 동원하여 반란군 진압에 나섰다. 3년 동안 치열하게 전투를 벌인 결과 주공 단은 반란군을 평정할 수 있었다.

그리고 반란 세력에 가담했던 여러 집단도 제압했다. 반란의 주모자였던 무경·관숙·채숙은 처형되었으며, 상나라의 남은 유민들의 통치는 무경의 숙부인 미자계가 맡았는데, 이후 '송'이라는 제후국으로 자리를 잡게 되었다.

한편, 반란자 무경이 다스리던 지역에서 상나라의 흔적을 지우기 위해 주공 단은 아우 강숙에게 통치를 맡겼고, 이후 '위'라는 제후국이 되었다.

무엇보다도 우리가 주목할 사실은 여러 사람이 걱정했던 것과 달리 성왕이 성장하여 성년에 이르자 주공 단이 모든 권력을 넘김으로써 주 왕실의 왕위가 온전히 이어지도록 했다는 점이다. 얼마든지 자신이 욕심을 부려 새로운 왕으로 등극할 수 있었지만, 주공 단은 주나라에 충성을 다하는 훌륭한 신하였고 존경받을 만한 인격을 갖춘 인물이었음을 알 수 있다.

반란 세력이 정리되면서 주나라는 국력 성장에 집중할 수 있었고, 황허강 하류 지역 및 화이허강 유역까지 영역을 확대할 수 있었다.

이후에 등장한 주의 국왕들도 막강한 군사력을 동원하여 동쪽으로 세력을 확대하는 데에 큰 노력을 기울였고, 황허강의 한 갈래인 뤄허강 북쪽에 성주성을 건설하여 주나라 동쪽에 위치한 여러 집단들을 통제하고자 했다.

이렇게 주나라 초기의 혼란은 점차 진정되었으며, 본격적인 국가 체제의 정비와 발전이 이루어져갔다.

02

협력의 통치 제도 '봉건제'를 시행하다

주나라는 건국 이후 옛 상나라 땅을 비롯하여 활발한 팽창 활동을 통해 확보한 영역을 효과적으로 지배하려는 방안을 모색했다. 이에 따라 등장한 것이 바로 국왕의 친·인척과 공신 세력을 제후로 삼아 주나라의 여러 지역을 나누어주고 그곳을 통치하도록 한 제도, 즉 '봉건제'이다. 국왕과 제후가 협력하여서 한 나라를 함께 다스린다는 이상적인 통치 방식이 역사에 등장하는 순간이었다.

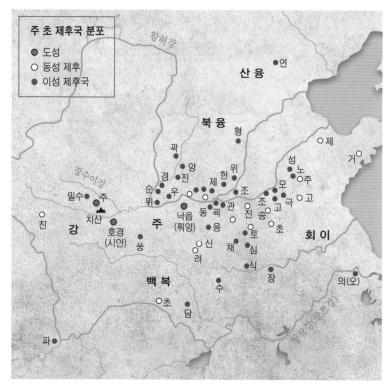

- **주나라의 봉건제 지도**
  주나라는 왕이 제후에게 땅과 백성에 대한 통치를 일임하는 대신, 제후가 왕에게 경제적 공납과 군사적
  보호 의무를 지는 통치 제도인 봉건제를 실시했다.

형제보다 나은 충신 단, 주나라의 반석이 되다

주나라 초기에 땅을 하사받고 주 왕실을 받들었던 제후 대부분은 주의 국왕과 같은 성씨, 즉 혈연관계로 연결된 사람들이었다. 기록에 보면 주공 단이 제후국을 70여 개 세우도록 조치했다는 내용을 찾아볼 수 있는데, 그중에 주 왕실의 성씨인 희 씨 성을 가진 제후가 3분의 2에 달했다. 『좌전』이라는 책에는 다음 내용이 실려 있다.

주공 단은 형제인 관숙과 채숙이 (반란을 일으켰다가) 제 명에 죽지 못한 것을 슬퍼했다. 이에 같은 성씨의 친척을 제후로 삼아 왕실을 보호하는 울타리가 되게 했다. 관·채·성·곽·노·위·모·담·고·옹·조·등·필·원·풍·순 등은 모두 문왕의 아들을 제후로 삼아 세운 나라이다. 그리고 우·진·응·한 등은 무왕의 아들을 제후로 삼은 나라이고, 범·장·형·모·조·제 등은 주공 단의 후손을 제후로 삼은 나라이다.

이렇게 주나라가 기틀을 다지는 데 중요한 역할을 했던 것이 봉건제이며, 실제로는 위에 언급된 것보다 많은 친·인척이 제후의 지위에 올랐다. 다른 성씨를 가진 이들을 제후로 삼은 경우도 있었는데, 주 왕실에 충성을 다했던 신하이거나 주나라에 복속한 집단의 우두머리 등이었다.

주나라의 주요 제후국은 어디일까?

제후들이 통치한 지역(이후부터 제후국이라 부름) 가운데 주목해볼 필요가 있는 곳을 한번 살펴보자. 우선 위·노·송·제·진(晉)·연 등이 대표적인 제후국으로 손꼽힌다. 위는 무왕과 주공 단의 동생인 강숙이 다스렸으며, 상나라의 수도였던 조가에 위치했다. 노는 주공 단의 장자인 백금이 통치한 제후국으로 엄(奄: 지금의 산둥성 취푸시)이라는 지역에 자리를 잡았다. 주나라의 국왕들은 멸망한 상나라의 유민을 위와 노에 나누어 살게 하여 제후의 통치를 받도록 했는데, 민심을 고려하여 상나라 시절의 풍속을 어느 정도 헤아려주도록 했다. 그러나 그 외의 통치 제도는 주나라의 법도를 따르도록 명했다.

송은 앞에서 이야기했듯이 상나라의 왕족 출신인 미자계가 다스렸던 제후국이며 상추(商丘: 지금의 허난성 동쪽)를 중심지로 삼았다. 미자계는 목야 전투 직후 주 무왕에게 곧바로 항복했기 때문에 그 지위에 걸맞은 대접을 받을 수 있었다. 그리고 무경이 일으킨 반란 이후 미자계가 상나라의 유민들을 다스리게 되면서 제후의 지위에 오르게 되었다.

진(晉)은 주 성왕의 동생 숙우에게 내린 제후국으로, 상 이전에 존재했던 하나라의 옛 지역(지금의 산시성 남쪽)에 위치했다. 제11대

* **강태공 초상**
  강태공은 성은 강, 씨는 여, 이름은 상, 자는 자아이며, 호는 비웅이다. 기원전 1211년에 출생하여 기원전 1072년에 사망할 때까지 나이가 139세에 달했다고 한다. 또 다른 기록에서는 기원전 1140년 9월 12일에 태어났다고 한다.

국군이었던 문후가 사망한 후 통치권을 둘러싸고 내부 혼란이 있기도 했으나, 문공이 즉위한 이후 국력이 성장하더니 춘추 시대에 패권을 다투는 강국의 위치에 오르기도 했다.

연은 주나라의 지배층이었던 소공석이 다스린 제후국으로 지금의 허베이성 북쪽, 랴오닝성 남쪽을 다스린 것으로 여겨진다. 최근 베이징에서 주나라 때의 청동기가 발견되고, 랴오둥 지역 남쪽에서도 상 대와 주 대의 청동기가 발견되고 있다. 이를 통해 현재 학자들은 연의 영역을 추론하는 연구를 진행하고 있다.

제는 강태공(태공망)에게 내려진 제후국으로 중심지는 영구(營丘: 지금의 산둥성 창러현)이다. 제의 첫 통치자가 되었던 강태공은 앞에서 잠깐 이야기했듯이 주 문왕에게 발탁되어 상나라를 멸망시키고 주의 통치 체제 정비에 가장 중요한 역할을 한 사람이었다.

하늘보다 사람을 믿은 전략가 강태공

강태공은 문왕과 무왕 두 명의 통치자를 보필하면서 정치적으로는 문무 관리와 주변의 여러 세력을 잘 단속하여 주나라에게 충성할 수 있도록 했다. 또한 군사적으로는 전쟁에 필요한 정책과 전략들을 수시로 짜내었고, 목야 전투에서 사령관의 역할을 맡아 뚜렷한 성과를 보였다.

주나라가 상나라를 멸망시킨 이후 강태공은 그동안의 폭정에 시달린 상나라 백성과 주변 민족의 민심을 달래고 상나라의 옛 지배층을 우대했다. 그러면서 올바른 잣대를 내세우며 내정을 이끌어 모든 사람에게서 주나라 왕실이 신망을 얻어 굳건하게 국정을 이끌어갈 수 있도록 했다.

그러나 무엇보다도 강태공이 상나라의 멸망과 주나라의 성립이라는 왕조 교체 시기에서 주목받을 수 있던 것은, 기존의 신과 점술을 통해 국가를 다스렸던 방식(상나라의 신정 정치)을 벗어나 사람의 능력과 역할을 중심으로 국가를 이끌어가는 방식이 마땅하며 중요하다고 주장한 점이다.

주 무왕이 상나라를 정벌하러 갈 때의 일이었다. 군대가 출정할 때 점을 쳤더니 불길한 점괘가 나왔다. 이에 주변의 사람들은 상을 멸망시키지 못하는 게 아니냐는 걱정스러운 의견을 내었다. 무왕도 마음이 흔들리면서 하늘이 돕지 않는 것 아닌가 싶어 주저했는데, 이때 강태공에게 어떻게 하면 좋을지 물었다. 그러자 강태공은 이 기회를 무조건 잡아야 한다고 하면서 다음과 같이 이야기했다.

"먼저 유능한 인재를 등용하고, 일을 실행에 옮길 때 지리적인 이점을 얻을 수 있다면 꼭 때(시기)를 기다리지 않아도 우리가 유리합니다. 그렇게 되면 점을 쳐서 하늘의 뜻을 물어보지 않아도 좋은 기운이 우리에 오며, 신에게 빌지 않아도 복을 얻게 됩니다."
"성인은 난세 속에서 일어나 세상에 나가는 것입니다. 거북점이라는 것은 따지고 보면 그 뼈나 껍질을 말려 쳐서 점괘를 얻는 것이고, 산가지점이라는 것은 풀이나 나뭇가지를 꺾어 길흉을 살피는 것일 뿐입니다. 이렇게 사소한 행위로 중차대한 일이 어떻게 풀릴 것인가를 판단하고 그에 따라 움직이는 것은 충분하지 않습니다."

이렇게 강태공이 자신 있게 말할 수 있었던 데에는 이유가 있었다. 그동안 주나라가 성장할 수 있도록 올바른 통치 모습을 보여 주변 집단이 우러러보아 명성을 얻은데다, 인재들을 꾸준히 모으고 대접했으며, 상나라의 손과 발이 되었던 측근 세력들을 먼저 공략하는 등, 차근차근 사람이 세운 계획에 따라 노력하여 대업을 달성했기 때문이다. 그러니 주나라의 왕실은 강태공의 큰 공을 높이 사서 제후로 삼지 않을 수 없었다. 그리고 이후 주나라의 국왕들은 제를 다스리는 강태공의 후손들에게 주나라의 제후국 중 잘못을 저지른 나라를 벌할 수 있는 권한을 줄 정도로 우대했다.

03

왕과 제후의 연결고리, 책봉과 조공

앞에서 주나라는 왕과 제후가 영토를 나누어 다스리는 봉건제를 시행했다고 이야기했다. 그렇다면 지금부터는 봉건제가 어떻게 운용되었는지를 좀 더 구체적으로 살펴보자.

책봉과 조공으로 국가 안에 작은 국가를 만들다

봉건제에서 가장 핵심이 되는 요소는 바로 '책봉'과 '조공'이다. 책봉은 주나라 국왕이 제후에게 다스릴 땅을 내려주고 통치의 권한을 인정해주는 격식을 일컫는다. '위'라는 제후국이 성립될 때, 강숙을 '강고'라는 새로운 이름으로 명하고 상나라의 옛터를 다스리는 제후로 삼는 식이다. 여기서 책봉의 핵심은 주나라 국왕이 제후에게 적절한 칭호를 내려주고, 제후가 지배할 영토와 백성을 나누어준다는 것이다. 역사서에서 '○○ 땅을 하사했다' '○○ 사람들을 받았다' 등의 표현은 모두 책봉에 따라 영토와 백성이 지급되었다는 의미이며, 이를 토대로 제후국이 성립될 수 있었다. 제후국도 하나의 나라나 다름없었기 때문에 제후 아래에는 제사를 담당하는 신관과 행정을 맡은 문무 관리, 제후를 호위하는 병력 등이 있었다.

그러면 이렇게 주나라를 국왕과 함께 다스렸던 제후에게는 어떠한 역할을 줬을까. 제후는 주나라 국왕에게 충성을 맹세한 이들이기 때문에 마땅히 주나라를 지키고 주나라 왕실을 보호했다. 따라서 주나라를 위협하는 적이 쳐들어왔을 경우에는 군사를 이끌고 전쟁에 참가해야 했다.

또한 주 국왕에게 정기적으로 인사를 드리러 가고(이를 알현이라 함) 일정한 양의 공물을 바치며, 본인이 처리한 여러 업무를 보고하기도 했다. 여기에서 제후들이 주나라 국왕을 알현하면서 자신의 영토에서 생산된 각종 물품(공물)을 바치는 것을 바로 '조공'이라 했다.

이렇게 주의 봉건제는 국왕이 제후를 책봉하고 제후는 국왕에게 조공하는, 서로 의지하고 협력하는 가운데 운영되었다.

한편, 제후는 제후국 영토 내의 토지와 백성을 또다시 자신의 친·인척이나 측근에게 내려줄 수 있었고, 그들을 '경'이나 '대부'로 삼을 수 있었다. 즉 제후국 내에서도 책봉이 이루어질 수 있었다. 그리고 당연하게도 경·대부는 제후에게 군사 지원이나 공물 납부 등의 의무를 다해야 했다. 경·대부 역시 자신의 신하(사)를 거느릴 수 있었는데, 이들 역시 경·대부에게 각종 의무를 져야만 했다.

이렇게 왕과 제후, 제후와 경·대부, 경·대부와 사 사이에 책봉과 조공의 관계가 여러 층으로 이루어져 주나라의 통치 질서가 단단해질 수 있었다.

04

관직으로 살펴보는 주의 통치 제도

주나라는 봉건제에 따라 주 국왕이 다스리는 지역과 제후가 다스리는 지역으로 구분되었다. 일종의 분권적 통치 구조였다. 주나라의 왕은 최고 통치자이며 '천자'라고 불렸다. 따라서 형식적으로는 주나라의 모든 국정 운영 결정권을 가지고 있었다.

천자는 제후국의 정치에 관여할 수 있었으며 제후의 지위를 빼앗고 다른 사람을 제후로 삼을 수도 있었다. 그러나 그러한 통제권은 절대적인 것은 아니었으며, 실제로는 주나라 국왕의 힘이 강하게 미치는 곳이 수도인 호경과 그 주변인 왕기(수도권과 유사한 개념)에 한정되어 있었다.

나라는 혼자서 다스리나? 기록으로 알아보는 주나라의 통치 기구

주나라의 정치 기구에는 어떤 것이 있었으며 어떻게 운영되었는지 상세하게 알 수는 없다. 『시경』에 "윤씨 태사가 주나라의 근본이니, 나라의 공평함을 잡고 사방을 유지한다"라는 내용이 있다. 또 "태사에 황보를 임명하시어 우리 군대를 정비하고 무기들을 수리한다"라던가, "국왕께서 윤씨에게 이르시고 정백 휴보에게 명령하신다" 등의 구절이 있어 국가 운영에 필요한 직책과 위계질서가 갖추어진 모습을 확인할 수 있다.

여러 기록과 각종 청동기에 새겨진 글('명문'이라 부름)을 살펴보면, 당시 주 왕실에서 가장 중요한 직책은 천자의 보좌를 담당한 '경사(卿士)'인 것으로 보인다. 경사는 여러 관리나 제후보다도 서열이 높았던 것으로 짐작된다. 그리고 고위 관직으로 태보·태사(太師)·태부를 꼽을 수 있다. 이들을 한데 묶어 삼공(三公), 삼태(三台)라고도 불렀는데, 천자에게 국정과 관련된 일을 조언 하거나 스승의 역할을 하였다. 이후 삼공은 중국뿐만 아니라 우리나라와 일본에서도 최고 직위에 있던 대신들을 가리키는 표현으로 계속 사용되었다.

'삼유사' 또는 '삼사'라는 표현도 각종 기록에서 자주 등장 하는데, 이는 '사도' '사마' '사공'의 세 관리를 가리킨다. 사도는 토

지·부역 등 경제 분야를 담당한 관리였고, 사마는 군사 업무, 사
공은 도로·하천·성곽 등의 각종 토목 공사를 관장한 관리였다.
한편, 의례와 제사의식 등을 관장한 '태사(太史)' '태축' '태복'도
있어, 사도·사마·사공과 함께 6경(6대)으로 불렸다.

이 밖에도 죄인을 다루는 감옥 사무를 담당한 '사구'와 군사
업무를 담당한 '대사마', 국가의 공사와 건축 업무를 담당한 '대
사공' 등도 있었다고 한다. 이렇게 다양하게 갖춰진 관직은 주나
라가 상당히 발달한 통치 제도와 정치 기구를 갖추고 있었음을
보여준다.

한편 주나라의 고위 관리는 그 후손에게 관직을 물려줄 수 있
었던 것으로 여겨진다. 이는 그 관리들이 많은 토지를 소유하는
등 경제적으로도 상당한 힘을 가지고 있었기 때문이지 않을까
싶은데, 국왕이 여러 대신에게 할아버지나 아버지의 자리를 이
어받으라고 명령하는 내용이 여러 기록에서 심심치 않게 발견되
고 있다는 점이 이를 뒷받침한다.

앞에서 주나라의 통치에는 봉건제가 밑바탕에 깔렸음을 수차
례 이야기했다. 또 주나라 국왕과 제후는 끈끈한 혈연관계로 맺
어져 있음도 보았다. 여기서 추가하여 재미있는 사실을 발견할
수 있는데, 바로 주나라의 제후들이 종종 왕실의 관료를 겸하고

있었다는 점이다. 제후국 '위'의 통치자인 강숙은 사구라는 관직을 맡았고, 제후국 '정'을 통치한 환공은 사도를 겸했다. 이렇게 혈연관계에 군신관계까지 더해졌으니 국왕과 제후의 관계는 더욱더 탄탄해질 수 있었다.

이번에는 주나라의 군사 제도를 살펴보자. 주나라의 군대는 주육사·은(상)팔사·호분 등으로 구분된다.

주육사는 주족으로 구성되었으며, 경사가 있었던 서쪽 지역에 주둔한 군대였다. 그래서 그들을 '서육사'라고 부르기도 했다. 주육사는 주나라의 주력 부대였으며, 여러 국왕이 대외 정벌에 나설 때 이들을 이끌고 다녀왔다.

은팔사는 상나라 유민들로 편성된 군대였으며, 지휘관은 주나라 사람이 담당했다. 호분은 주나라 국왕의 호위를 담당한 부대로, 무왕이 상나라를 정벌할 때 선봉에 서서 전투를 치렀다.

봉건제의 시작은 승자들의 이익 나누기

주나라가 상나라를 멸망시킬 때 오로지 주족의 힘으로만 이룬 게 아니었다. 당연하게도 주 문왕과 무왕을 따르는 주변 세력의 도움을 받았기에 가능한 일이었다.

따라서 상나라의 모든 영토와 자산을 다 가질 수 있었지만 모두 주족의 것으로 삼을 수는 없었고 공을 세운 다른 세력에게 상을 주어야 했다. 이때 포상하기 가장 좋은 것이 바로 영토였다. 땅을 떼어주어 각 집단이 독자적으로 살아갈 공간을 마련해주는 게 효과적인 포상 방법이었다.

영토를 나누어주는 일은 여러 조건을 고려하여 진행되었다. 주나라의 수도를 중심으로 그와 떨어진 거리를 고려해 몇 개 지역으로 구분하고, 세력의 크기와 주나라 왕실과의 관계를 따졌다. 우선 주나라 수도 주변은 주나라 왕실과 가깝지만, 왕실을 위협할 정도의 힘을 갖지 않은 세력에게 나누어주었다.

그리고 멸망한 상나라의 중심 지역은 무왕이 믿을 수 있는 아우들에게 나누어주었다. 상나라 유민의 집단 반란 등을 사전에 차단하기 위함이었다.

나머지 경우를 보면 주나라에 충성을 다하거나 주나라가 함부로 하기 힘든 세력은 오히려 주나라 중심에서 멀리 떨어지게 했다. 주나라 건국의 일등 공신인 강태공에게 준 지역은 영토의 크기는 넓지만 주 왕실에서 가장 먼 곳에 있었다. 주나라 실력자 중 하나인 주공 단에게 내려진 땅은 강태공 영역과 마주하고 있어 서로를 견제하게 한 것처럼 보인다. 다른 유력 집단도 변방의 영토를 나누어주면서 주변의 이민족을 견제하도록 했다.

이처럼 봉건제의 시작은 상나라 정벌에 공을 세운 여러 집단을 주나라가 포상하는 과정이었다. 그러면서도 도와줄 때는 한없이 친하게 지낼 수 있지만, 나중을 생각해서 거리감을 두는 방식으로 우호 세력을 견제하기도 했다. 여기에 혈연에 기초한 집안의 법도와 질서, 즉 '종법'을 통해 왕과 제후, 경·대부와 사인 사이에 철저한 상하관계를 지켜야 함을 강조함으로써 봉건제가 오랫동안 유지될 수 있도록 했다.

주나라와 그 제후국들은 지금의 국가들처럼 국경을 맞대고 있었던 것일까?

앞쪽 본문의 지도를 보면 주나라가 상나라를 정벌하던 상황이나 주나라의 제후국이 분포된 상황을 볼 때, 현재 우리가 사는 세계와 좀 다른 점이 있음을 볼 수 있다. 그것은 바로 여러 국가가 국경을 맞대고 있었던 것이 아니라 하나의 도시 정도의 규모로 이루어져 있었다는 사실이다. 그렇다면 당시의 국가들은 어떤 형태였을까.

중국·한국 등에서는 사람들이 모여 마을을 이룬 것을 '읍'이라고 불렀다. 읍의 크기는 다양했는데, 상나라의 경우 왕이 사는 지역을 대읍, 여러 집단이 사는 좀 더 작은 지역들을 족읍·속읍 등으로 표현했다(주나라 때가 되면 국·도·비 등으로 바뀌게 됨). 물론 읍은 단순히 집들이 모여 있는 것만을 가리키는 것은 아니며 농사짓는 땅이나 땔감을 얻을 수 있는 산림 등 생활에 필요한 공간도 포함한다. 따라서 보통 한 나라의 행정구역을 정할 때 읍을 단위로 하는 것이 합리적이다.

한편, 대읍은 수도의 기능을 해서 규모가 크기도 하지만 방어를 위한 성벽이 있어 그 구역이 뚜렷하게 구분된다. 그 안에 궁궐을 비롯하여 여러 시설이 갖추어져 있어 국가 통치의 중심지가 되는 것이다. 성처럼 만들어진 읍이라는 의미로 '성읍'이라고도 한다. 그러다보니 주나라 때가 되면 수도 이외에도 크기가 커진 읍들이 있어 그곳이 곧 하나의 제후국으로 자리를 잡게 될 수 있었으니, 이를 성읍 국가라고 한다.

이러한 중국의 성읍 국가와 비교할 수 있는 것으로 서양의 역사에 있었던 그리스·로마의 도시국가를 떠올려볼 수 있다. 그렇다면 동·서양의 고대 국가들은 어떠한 공통점과 차이점이 있었을까 생각해보자.

·

세계 역사를 볼 때 문명의 등장과 국가의 출현은 모두 청동기 문화에 기초한다. 그러다보니 상나라와 주나라가 남긴 많은 문화유산 가운데 청동으로 제작된 물품들이 많은 수를 차지하고 있고, 그중에서도 상당한 크기의 솥들이 우리 눈을 사로잡는다. 원형·사각형·세발·네발 등 청동솥의 형태는 매우 다양하다. 그리고 그 표면에 새겨진 문양이나 장식도 개성이 가득해서 보는 즐거움이 있다. 그러면서 한 가지 궁금한 점이 생긴다. 왜 이렇게 거대한 청동기를 만들었을까. 그리 실용적이지도 않아서 학자들이 제사용이라고 보는 경우가 많은데도 말이다. 그 청동기들을 보면서 사람들은 상나라와 주나라의 국력이 상당했음에 감탄할 수도 있고, 두 나라 모두 통치자가 하늘과 연결하기 위해 많은 노력을 기울였다고 해석할 수도 있다. 우리 역사 속 청동기를 초라하게 만드는 중국의 청동기를 통해 상나라도, 주나라도 그 사회가 가진 힘이 대단했음은 인정해야 할 것이다.

·

제3장

주의 경제와 사회,
그리고 대외관계

01

땅에서 시작해 땅으로 끝나는 주나라 경제

주의 국왕은 주나라 전 영토와 백성을 지배하는 위치에 있었는데, 당시에는 "넓은 하늘 아래 왕의 땅이 아닌 곳이 없고, 온 세상에 왕의 신하가 아닌 사람이 없다"고 하여 전국에 있는 모든 땅과 사람이 왕의 소유라는 생각이 자리 잡고 있었다.

그러나 봉건제가 시행되고 있었기 때문에 실제는 주 국왕의 영향력이 미치는 곳은 수도와 그 주변이었고, 제후국은 제후가 지배하고 있었다. 따라서 제후도 그들이 지배하는 지역의 모든 것은 자신의 소유라고 여겼다. 그러나 실제 토지를 경작하는 이들은 주의 백성이었다.

땅을 나누어 결속력을 다졌던 지배계급

수도와 그 주변(호경과 왕기)의 토지 가운데 왕실이 직접 관리하는 농토가 있는데 이 농토는 사도가 관리했다. 해마다 봄이 되어 농경을 시작해야 할 때가 되면, 천자(왕)는 여러 신하를 이끌고 친히 농사를 짓는 의식을 치렀다.

이를 통해 천자가 모든 영토를 지배하고 관리함을 안팎에 알렸다. 그리고 왕기 내에 있는 산림·하천과 같은 농토가 아닌 지역도 천자의 소유이며 천자가 직접 관리한다는 것을 보여주기 위해 여러 관리를 파견하여 살피도록 했다.

이 밖에 왕이 직접 통치하는 지역 내의 토지(제후국 지역 제외)는 천자가 여러 대신에게 하사해 '채읍'으로 삼도록 했다. 채읍은 제후들이 경·대부에게 지급한 토지이기도 했는데, 아마도 천자나 제후들이 자신을 따르는 관리에게 나랏일을 하는 대가로 내려준 땅을 가리키는 것으로 보인다. 이때 채읍으로 받은 땅에 사는 백성에 대한 지배권도 대신들에게 주어진 것이라 여겨진다.

한편, '읍'이 아니라 전(田)을 대신들에게 지급한 경우도 보인다. 말 그대로 토지만 주는 것이었다. 함구라는 인물에 대한 기록이 담긴 청동기 명문을 보면, 주 국왕이 함에게 50전을 하사했고, 조에게 50전을 하사했다고 했다. 또 주 대에 제작된 청동기로 알

- **대극정**
  높이가 93.1센티미터, 본체 길이 43센티미터, 무게 201.5킬로그램이며, 상부에 두 개의 고리가 달려 있
  는 전형적인 주(周)의 솥 형태를 띠고 있다. 본체 내벽에는 명문(銘文) 28행 290자의 글씨가 새겨져 있으
  며, 이는 서주 시대 노예 제도 연구에 귀한 자료로 활용되고 있다.

려진 '대극정'의 명문을 보면 국왕이 '극'이라는 인물에게 관직
을 내 리는 한편, 많은 예복과 토지(田)·노예 등도 주었다고 했다.
이때 '전'이라는 글자가 많이 새겨져 있는데, 이것이 바로 극에게
농사지을 땅만을 준 것으로 해석된다.

제후와 경·대부도 자신의 소유한 토지 중 일부를 친족이나 신
하에게 나누어줄 수도 있었으며, 반대로 천자와 제후는 자신들
이 아랫사람에게 내려준 토지를 다시 찾아올 권한도 있었다. 보
통 제후나 경·대부는 자신의 봉토를 자손에게 전해주는 것이 기

본이었다. 이때 한 집안의 질서를 규정하는 '종법'에 따르면 원칙적으로 장남에게 상속되었다.

한편 중국사를 연구하는 학자들에게 매우 중요하게 여겨지는 주나라의 경제 제도가 있는데, 바로 정전제(井田制)이다. 정전제에 대해서는 『맹자』라는 책에 다음과 같이 실려 있다.

사방 1리를 우물 정(井) 자 모양으로 구분한다. 정자 모양의 토지는 900무이니, 그 가운데의 토지 100무를 공전(공동으로 관리하는 토지)으로 삼고, 여덟 집이 각기 나머지 100무씩을 갖는다. 그리고 공전은 여덟 집이 함께 경작하였으며, 공전 경작이 끝난 후에 각 집이 가진 토지를 경작한다.

내용이 복잡한 것 같지만 요약하면 다음과 같다.

첫째, 농사지을 수 있는 토지를 9등분으로 정확하게 나눈다.

둘째, 나눈 토지 중 한가운데는 공동으로 경작하고, 나머지 여덟 부분의 토지는 개인이 경작한다. 이때 공동으로 경작하는 토지를 '공전', 개인이 농사 짓는 토지를 '사전'이라고 구분하여 불렀다.

공전에서 수확한 곡물은 국왕이나 제후들에게 바치거나 여러 가지 공동의 활동에 필요한 비용으로 사용되었다. 그리고 사전에서 수확한 곡물은 백성의 생계에 쓰였다. 당시에는 농경 기술이 많이 발전하지 못하여 수확량이 많지 않았을 뿐만 아니라 퇴비나 거름을 주는 방법이 미비했기 때문에 해마다 농사를 지을 수 없었다.

따라서 자신의 토지를 농사지을 땅과 쉬게 할 땅으로 구분하고 계속 바꿔가며 작물을 경작해서 지력을 회복시키는 방법을 써야만 했다. 사정이 더 나쁘다면 다른 곳으로 이사하여 다른 땅에서 농사를 짓기도 했다.

한 해 내내 바빠도 넉넉지 않았던 주나라 농민들

백성은 가을에 추수 시기가 되면 농토에서 수확한 곡물을 지배층에 바쳤다. 다양한 잡곡뿐만 아니라 삼베·모시 등 여러 종류의 옷감과 동물의 털을 이용해 만든 옷까지 만들어 바쳐야 했다. 사냥을 하여 돼지·노루 등도 잡아다 바쳤다. 국가에 세금을 내는 의무가 있었음을 알 수 있는 것이다.

그러다보니 백성은 일 년 내내 열심히 노력해도 넉넉한 식량을 얻는 것은 불가능에 가까운 일이었다. 당시 백성은 "6월이면 머루 같은 걸 먹고, 7월이면 콩 같은 걸 삶아 먹었다"고 하거나,

겨울에 "제대로 입을 털옷이 없으니 어찌 이 추운 겨울을 지낼까"라는 걱정을 했다고 하니, 힘써 열심히 일해도 생활이 빠듯했음을 짐작할 수 있다.

한편 여러 물품을 세금으로 바치는 것 외에도 백성은 노동력을 국가에 제공하는 의무도 있었다. 농사로 분주한 시기가 지나고 한가해지면 농민에게 조금의 휴식이라도 주어질 것으로 생각한다면 큰 오해이다. 농민들은 제후나 경·대부 등 지배층의 부름을 받고 그들의 집을 수리하거나 잡초를 제거하는 등 각종 부역에 동원되어야 했다.

농민의 생산경제와 지배층의 소비경제

중국 역사에서 주 대는 청동기 문화에 기반을 둔 시대이다. 따라서 농경이 활발하게 이루어지고 다양한 농기구가 제작되어 사용되었다. 그러나 금속을 이용한 농기구가 별로 없었기 때문에 농업 생산력을 따진다면 이후의 춘추전국 시대에 비해 아쉬움이 있는 수준이다.

여러 기록에 따르면 주나라에서는 쟁기·보습·가래·괭이·낫 등 우리가 생각할 수 있는 농기구를 다 만들어 썼던 것으로 보인다. 주나라와 연결되는 유적에서 발굴된 농기구 유물을 보면 돌이나 짐승의 뼈 등으로 농기구를 만들었다. 쟁기나 보습 등을 이용하여 밭을 갈았을 것이며, 낫으로 수확했을 것이다. 그리고 이러한 대부분 과정은 사람의 노동력에 의존했을 것이다. 최소한 두 명은 함께 농사일에 참여했을 것으로 여겨진다. 이러한 방식을 『시경』 등의 기록에서는 '우경(耦耕: 짝지어 농사지음)'이라고 표현하고 있다. 협동을 통한 공동경작이 효과적이었던 모양이다.

그리고 주나라에서는 아직 제대로 된 시비법(거름이나 퇴비를 만들고 농토에 뿌리는 방법)이 발달하지 못하여 농토를 기름지게 만들지 못했다. 이에 주나라 농민들은 농토를 묵혀서(농사를 짓지 않고 쉬게 해서) 지력을 회복시키는 방법을 쓸 수밖에 없었다.

이에 주나라에서는 첫해 개간한 밭을 묵힌 밭이라는 의미의 '치(菑)', 2년 동안 경작하는 밭은 새 밭이라는 의미의 '신(新)', 3년째 경작하는 밭은 '여(畬)'라고 불렀다. 대략 3년 정도 한 농지에서 농사를 지으면 지력이 약해져서 수확량이 줄어들고 농작물이 제대로 자라지 못하므로, 주나라 농민들은 그 땅에 더는 농사짓지 않고 몇년 동안 쉬게 한 것이었다. 그리고 난 후에 다시 땅을 농경에 적합한 상태로 정리한 다음 농사를 지었다.

좀 더 구체적인 농법을 살펴보자. 당시 사람들은 김매기(잡초 제거)를 하여 작물이 잘 자라도록 도왔으며, 흙을 북돋워 작물이 잘 자랄 수 있도록 신경 썼다. 그리고 『시경』의 기록을 보면 농경에

절대적으로 필요한 물을 농토에 대기 위해 물길을 끌어오기도 했던 것으로 보인다. 그러나 그 수준이 아직 자연의 힘을 넘어설 수 있을 정도는 아니었으며, 비가 와야 농사가 정상적으로 이루어질 수 있었다.

주 대에 경작한 작물은 어떤 것이 있었을까. 기록에서 가장 많이 찾아볼 수 있는 곡식은 기장이고, 보리·벼 등도 언급되고 있다. 그리고 같은 작물 안에서도 다른 품종이 있었음을 확인할 수 있다. 즉 기장 가운데서도 더 좋은 품종(거·비 등), 보리 중에서도 다른 품종(소맥·대맥 등)을 가리키는 표현이 보인다는 뜻이다. 뽕나무나 마도 심심치 않게 나타난다. 이들 작물은 아마도 옷감을 짜는 재료로 이용되었을 가능성이 높다 하겠다.

한편 농경과 더불어 주나라에서는 수렵도 활발했던 모양이다. 백성은 사냥을 통해 농사만으로 채울 수 없는, 생활에 필요한 물품을 보충할 수 있었다. 그리고 가죽 등은 지배층에 바치기도 했다. 앞에서 백성들이 공물을 바쳐야 했음을 이야기한 것과 연결된다.

지배계층을 위해 수공업과 상업이 발달하다

주나라의 수공업은 형태상 왕이나 제후 등 지배층이 필요로

하는 물품을 생산하는 관영 수공업과 백성이 집에서 생활필수품을 만들어 쓰는 민간 수공업(가내 수공업)으로 크게 구분해볼 수 있다.

먼저 관영 수공업을 살펴보자. 주 대의 청동기 명문을 보면, 지배층의 통제를 받아 그들이 쓰는 물품을 생산한 기술자들을 '백공(百工)'이라고 불렀다고 한다. 이들은 제작 기술이 뛰어난 전문 장인이었으며, 주로 청동기를 제작하는 데 동원되었다. 주의 국왕이나 제후들은 모두 자신들을 상징할 수 있는 청동기를 만들어 내는 작업장을 가지고 있었다.

주나라에서 봉건제가 시행되었다는 것은 다시 말하면 중앙의 수준 있는 지식인과 기술자가 제후를 따라 각지로 가서 살게 된다는 점을 의미하기도 한다. 따라서 청동기를 다루는 기술은 점차 주의 왕실과 제후들 간에 큰 차이가 없어져갔다.

최근까지도 계속 발견되고 있는 여러 고고학 성과를 보면 랴오닝성·허베이성·산둥성·장쑤성·안후이성·허난성·후베이성 등 중국 동부 지역에서 주나라 때의 청동기가 발견되었다고 한다.

상나라의 청동기 제작 방식이 계승된 것으로 보이나 수량이나 종류는 상나라 때보다 훨씬 많고, 그 표면에 새겨진 글 내용도 더 많다고 한다. 당시의 청동기 제작 기술이 상당한 수준에 이르렀음을 두 눈으로 직접 볼 수 있다는 뜻이다.

흙을 구워 만든 도구(도기)도 제작된 것으로 보이는데, 가장 많이 발견되는 것은 바로 기와이다. 기와가 사용된 시설은 주로 천자의 궁궐 건물이나 대신, 제후가 생활하는 주택 등을 꼽을 수 있다. 이를 이용하여 더욱 화려하면서도 효율적인 건물을 제작할 수 있었다는 점이 많은 학자에게 주목을 받고 있다. 그리고 유약을 발라 빛깔이 나고 더 단단해진 도기도 발견되어 도기를 만드는 수준이 점점 향상되었음을 알 수 있다.

주나라 때의 무덤에서 발견된 도기들의 경우 푸른빛을 띤다고 한다. 이는 유약으로 겉면을 코팅한 것을 보여주는데, 곧 더 발전된 형태인 '자기'가 만들어질 것을 예고하는 것이었다.

상업을 살펴보자. 상거래의 중심이 되는 상인의 경우도 주나라에서는 수공업 기술자와 마찬가지로 대부분 주 왕실이나 제후 등 지배층의 통제를 받았던 것으로 여겨진다.

당시 거래에 화폐와 같은 기능으로 사용된 것은 조개나 구리 덩어리였다고 한다. 구리 덩어리는 '율'이라는 단위를 써서 사용된 모양이다. 청동기 명문에 구리 덩어리를 하사한다거나 조개를 이용하여 물품을 얻는 내용이 발견되고 있어 이러한 상황을 뒷받침한다.

03

국가 제도와 법률로 본 주나라의 생활

주나라의 사회가 어떻게 이루어져 운영되었는지를 살피기 위해 사회 구성원들을 파악해볼 필요가 있다. 주나라에는 당연하게도 신분제가 있었으니, 우선 지배층은 주의 국왕(천자)·제후·경·대부·사(士)가 있었다. 이 지배층은 모두 토지 소유자로 경제적으로 부족함 없이 생활을 할 기반이 있었다. 그리고 백성으로부터 곡물이나 물품을 징수할 수 있었다. 사 이하는 모두 지배를 받는 이들로 평민이었다.

그렇다면 주나라 사람들의 생활공간은 어떻게 이루어져 있었을까. 주나라는 활발한 영토 확장을 통해 여러 지역을 정복하여

· 대우정

대우정은 주 강왕 23년에 주조되었으며
높이 102센티미터, 구경 78.3센티미터,
무게 153.5킬로그램이다. 명문의 주요 내
용은 왕이 우(盂)라고 불리는 귀족에게
은(殷)은 음주로 망했기에 주(周)는 술을
삼가고 자신을 잘 보좌해달라는 부탁과
문왕과 무왕의 선정을 공경하고 받들 것
을 요구하며, 더불어 이것을 하사하는 내
용이다.

강토를 넓혔다. 이때 각지의 거점이 될 수 있는 곳에 성을 쌓아
도읍의 중심지로 삼았다. 그리고 이 부근에 '교(郊)'라 불리는 영
역을 설정했다. 이렇게 정해진 도읍과 교를 합해 '국(國)'이라고
했다. 봉건제가 시행되었으니 주나라에는 천자가 지내는 도읍을
비롯하여 이러한 '국'이 여러 곳 있었을 것이다. 국에는 지배층과
그들의 식솔·평민이 생활했으며 이들을 '국인'이라고 불렀다. 국
인은 참정권 등 일정한 권리가 있었으며, 병역의 의무를 지기도
했다.

한편 국(國) 밖에 있는 영역은 '야(野)'라고 불렀다. 이곳에도 사

람이 살고 있었는데, 주로 주가 정복한 지역의 사람이었으며, 이들을 야인·서인·서민이라고 불렀다. 이들도 당연히 지배를 받는 계층이었다.

그런데 '대우정'이라는 청동기에 새겨진 글을 보면, 주나라 강왕(재위: 기원전 1021년경~기원전 996년경)이 '우'라는 지배층 인물에게 "부릴 수 있는 이들로 가족을 포함한 659명의 남자를 하사했다"는 표현이 나온다. 그리고 '의후적궤'라는 비석에 새겨진 글에는 강왕이 '열'이라는 사람에게 토지와 서인 660명을 내렸다고도 한다.

이를 통해 주나라의 서인들의 지위가 마치 노예처럼 상으로 주어질 수 있는 존재가 아닌가 하는 생각을 하게 한다. 그러나 국인들과 같은 권리를 다 누리지 못할 뿐, 서인들도 기본적인 재산 소유권과 가족 구성권 등은 있었다고 하니, 재산이나 다름없이 취급받던 노예와는 구분된 존재라 하겠다. 『시경』에 보면 다음과 같은 기록이 나온다.

- 10월이면 메뚜기 내 침상까지 들어오네. 구멍을 틀어막고 쥐구멍에 연기 피우며, 북쪽 창을 막고 외짝 문에 흙을 바르네. 아, 처자식들아! 해가 바뀌는구나. 이 집에 들어와 함께 지내자꾸나.
- 그대들(농민들)의 가래와 호미를 잘 보관할지니, 내가 낫으로 수

확하는 것을 보러 가리라.

• 쟁깃날을 예리하게 갈아 남쪽 밭을 먼저 간다.

이 내용을 보면, 당시 서인이 가족을 꾸릴 수 있었고 자기 소유의 집을 가지고 있었음을 짐작할 수 있다. 그리고 농사를 짓는데 필요한 농기구도 가지고 있었음을 볼 수 있다. 그렇다면 서인보다 더 낮은 계층이 있었다는 말이 된다. 바로 노예가 그들이다.

노예 중 많은 수가 전쟁·정복 활동을 통해 확보한 포로였다고 여겨진다. 노예는 당연하게도 주인의 명에 따라 갖가지 일을 해야 했으며, 다른 물품과 교환될 수 있는, 재산으로 취급되는 처지에 있었다.

죄인에게는 치밀하고 잔인했던 주나라의 형법 제도

한편 주나라에는 국가 통치에 기본이 되는 법률이 제정되었던 것으로 보인다. 여러 기록에 따르면 주나라의 법률, 특히 형벌은 만든 사람으로 문왕이 언급되고 있다. 즉 주나라가 상나라를 멸망시키기 이전부터 죄인에 대한 처분이 마련되어 있었음을 알 수 있다. 다른 기록에는 주나라에 형벌에 관한 서적이 있었는데, 그 가운데 남의 물건을 훔치는 것은 도(盜)이고, 나라의 중요한 물품을 훔치는 것은 간(奸)이라고 불렀다는 내용이 있다고 한다. 도둑질에 대해 구체적으로 여러 경우를 밝히고 있다는 것은, 당시 주나라가 사유 재산을 존중하고 잘 지키는 데에 신경을 썼다는 사실로 이해할 수 있다. 특히 나라에서 중요하게 여기는 물품 중에는 왕·제후·경과 대부를 상징하는 귀중품(인장과 같은 물건)이 있었는데, 이것을 잘 지키는 것이 당시의 봉건제를 문제없이 유지할 수 있다고 여긴 모양이다.

주나라에는 다섯 가지 형벌이 있었으며, 세부 항목이 무려 3,000여 가지나 되었다고 한다. 다섯 형벌은 죄인이라는 표시를 몸에 새기는 묵(墨)형, 코를 베어버리는 의(劓)형, 발꿈치를 베어버리는 비(剕)형, 거세에 처하는 궁(宮)형, 사형에 처하는 대벽(大辟)형을 가리킨다.

이렇게 자세하고 잔인한 형벌의 내용은 그만큼 주나라의 형법 제도가 죄지은 사람에게 혹독하게 적용되었음을 보여준다. 그런데 여러 기록과 청동기 명문에서 주목할 만한 사실을 발견할 수 있다. 그것은 바로 지배층에 속한 사람들은 형벌을 직접 받지 않고 금전을 대신 내는 것으로 죗값을 치를 수 있었다는 점이다. 결국 주나라의 신분 질서가 엄격하게 지켜지고 유지되면서 지배층의 특권이 보장되고 있었음을 확인할 수 있다.

제3장 주의 경제와 사회, 그리고 대외관계

04

주나라의 대외관계

주는 상나라를 멸망시킨 후 계속해서 황허강 하류로 영역을 넓혀갔다. 이 과정에서 주의 동쪽에 위치했던, 중국의 기준에서 오랑캐라 불리던 다른 민족과 충돌하고 갈등을 빚게 되었다. 이들이 동이와 회이로 불린 민족이었다.

제후국 열전: 동쪽의 저항 세력 동이와 회이

동이와 회이는 오래전부터 지금의 산둥성과 화이허강 유역에서 생활하고 있었다. 이들도 중국의 고대 국가처럼 농경 사회를 형성했으며, 상나라가 있었던 시기에는 상의 문화에 영향을 받아 성장하는 모습을 보이기도 했다. 상나라가 멸망하고 주나라가 등장하는 과정에서 동이와 회이는 변화하는 중국의 정세 속에서 일단 상나라 잔여 세력과 손잡고 주나라에 대항했다. 앞에서 주공 단이 집권하고 있을 때 동쪽으로 향했던 군사 원정에 저항했던 세력이 이들이다. 3년간의 전쟁에서 주공 단의 군대가 승리함으로써 동이와 회이는 주나라에 복속할 수밖에 없었다. 그리고 주의 국왕은 동이와 회이를 통제하고 지배력을 강화하기 위해 그들 주변에 제·노 등의 제후국을 세웠다.

그러나 동이와 회이는 쉽게 굴복하지 않았던 것 같다. 제후국인 노와 회이, 서융 등이 치열하게 전투를 벌였다는 기록을 찾아볼 수 있기 때문이다. 청동기 명문에도 국가 초기부터 제10대 국왕인 여왕(재위: 기원전 878년경~기원전 842), 제11대 국왕인 선왕(재위: 기원전 828~기원전 782) 재위 시기에 이르기까지 주나라는 동이와 회이를 비롯한 동쪽의 부족과 끊임없이 전쟁을 치렀다고 새겨져 있다.

『후한서』의 「동이전」 기록을 보면 (주나라) 여왕의 도리에 어긋나는 정치를 빌미 삼아 회이가 침략하여 약탈을 일삼았으며, 여왕이 괵중에게 이들을 정벌하도록 명했으나 이기지 못했다고 한다. 주나라가 동쪽의 민족을 제대로 제압하지 못했던 한계를 살

• **혜갑반**

혜갑반은 송나라 때 출토된 상주 청동기 중 현존하는 유일한 보물이다. 당시 주 선왕이 흉노를 토벌했고 남회의 오랑캐에 공물을 징수했다는 내용이 담겨 있다.

펴볼 수 있는 부분이다.

　주나라는 회이와 전쟁을 치르면서 많은 약탈을 자행했는데, 특히 구리가 주요 획득 물자였다. 사람을 포로로 잡아가고 소나 양과 같은 가축을 끌고 가는 일도 다반사였다. 당시 주나라에 정복당하여 잡힌 회이를 '백무인(또는 백무신)'이라고 불렀다는데, 이는 주 국왕에게 공물을 바치는 신하의 의미를 가지고 있다고 한다.

　주 선왕 대에 제작된 것으로 보이는 '혜갑반'이라는 청동기에 새겨진 글에 다음과 같은 내용이 나온다.

회이는 원래 우리 주 왕조에 공물을 바치는 자들이니 비단과 식량을 납부하지 않으면 안 된다. (그리고) 왕래하거나 장사를 하면서 지방과 시장에서 소란을 피우면 안 된다. 만약에 감히 주 국왕의 법령을 위반하면 형벌을 받고 토벌을 당하게 될 것이다.

여기에서 볼 수 있듯이 주나라는 회이를 무력으로 제압하면서 여러 물품을 갖다 바치도록 했으며, 주의 법령을 철저히 지킬 것을 요구했다. 주나라는 이렇게 동쪽의 민족들을 제압하고 자신들의 영향력 아래에 두려고 했다.

제후국 열전: 남쪽의 경계대상 초

주나라가 있었을 때 초라는 부족은 창장강의 지류인 한수이강 유역과 창장강 중류 지역에 있었다. 이들은 오랜 역사를 가졌는데, 상나라 사람들과도 교류가 있었던 것으로 보인다. 지금의 허난성 난양과 신양 일대에서 주나라 유적이 발견되었고, 후베이성 치춘에서도 주나라 말기의 건축물 흔적이 나타났다고 한다. 이를 통해 주나라가 남쪽으로 꽤 멀리까지 진출했으며, 그로 인해 초 부족과의 충돌이 계속 있었음을 짐작할 수 있다.

청동기 명문의 기록을 보면 주나라와 초는 일찍부터 갈등을 빚었던 모양이다. 주 소왕(재위: 기원전 996년경~기원전 977년경)이 군사를 이끌고 초로 원정했다는 기록도 심심치 않게 나오며, 전쟁에서 패해 소왕이 사망하기도 했다고 전한다.

주의 선왕은 그의 외삼촌인 신백을 제후로 봉하고 사(謝)라는 곳으로 보냈는데, 주나라와 초가 만나는 입구와 같은 곳이었다. 이는 선왕이 신백을 제후로 삼아 남쪽에 대한 공략을 계속 이어가고자 했던 의도로 여겨진다. 여기에 대해 남쪽에 대한 공격과 수비를 강화하려는 목적도 있었던 것 같다. 그 결과인지 주나라의 세력은 지금의 후베이성 장한 지역에까지 미치며 남방에 대한 영향력을 확대했다.

제후국 열전: 동남쪽 개발의 전초기지 오

한편, 『사기』를 보면, 앞서 주나라의 시초가 된다고 볼 수 있는 고공단보(주 문왕의 할아버지)의 아들인 태백과 중옹이 남쪽으로 가서 오라는 나라를 세웠다는 이야기가 전한다. 그러나 오는 주와는 다른 민족으로 이루어진 세력이었으며, 창장강의 하류를 중심으로 성장한 것으로 본다.

지금의 장쑤성 일대에서 주나라 때의 유적이나 청동기 유물이 발견되고 있다고 한다. 그리고 앞서 언급했던 '의후적궤'에 따르면 주나라 강왕 시절에 열을 의 땅의 제후로 봉했다고 하는데, '의후적궤'가 장쑤성 지역에서 발견되었다는 점을 감안했을 때 주나라가 창장강 하류 지역에도 영향력을 미쳤음을 짐작할 수 있다.

그러나 주나라와 오는 그리 대립적이지 않은 관계에 있었던 모양이며, 오 부족은 창장강 하류를 개발하는 데 나름의 기여를 했다고 평가할 수 있겠다.

제후국 열전: 강성했던 북방 세력과의 분투

주나라의 북방에는 유목 생활로 살아가는 민족이 위치하고 있었다. 그들 중 가장 막강한 세력을 가진 집단은 귀방과 엄윤(험윤)이었다. 이 민족들은 상나라 때부터 주족과 대립하면서 남쪽으로 진출하고자 애를 썼고 어느 정도 성공을 거두어 동남쪽으로 세력을 확대하기도 했다.

청동기 명문을 보면 주나라 강왕 때에 귀방과 주나라 사이에 큰 싸움이 일어났다고 한다. 전쟁 결과 주나라가 귀방을 크게 물리쳤으며, 귀방의 군장을 비롯한 1만 3,000여 명에 달하는 포로를 확보하고 수레·가축 등도 많이 빼앗았다고 한다.

엄윤은 주나라 목왕(재위: 기원전 977년경~기원전 922년경) 시절에는 세력이 강성하지 않았던 모양이다. 이 시기 엄윤이 주나라의 통제에 따랐다는 기록을 찾아볼 수 있다. 그러나 목왕 때 이후로 엄윤이 강성해져갔고, 주나라를 공격하여 위협을 가하기도 했다. 『후한서』를 보면 주나라 제9대 국왕인 이왕(재위: 기원전 886년경 ~기원전 878년경)이 괵공에게 군대를 이끌고 엄윤을 정벌하라고 명했음을 확인할 수 있다. 그리고 전투에서 승리하여 말 1,000필을 획득했다고 한다.

주목할 사실은 두 세력이 충돌한 곳이 주나라의 중심지에서 멀지 않은 곳이어서 엄윤이 주에게 꽤 위협적이었던 집단이었음을 새삼 알 수 있다. 이 말은 곧 엄윤 때문에 주나라 백성이 군사로 자주 동원되어야 했다는 말이다. 이런 주나라의 상황은 『시경』에서 찾아볼 수 있다.

엄윤은 난폭하고 주제를 몰라 초와 호 땅까지 진격했네. 호와 삭방을 침략해 경수 북쪽까지 깊이 이르렀네. 우리 군사의 깃발은 새매를 수놓았고, 흰 비단 깃발이 햇살에 번쩍이네. 큰 전차 열 대로 길을 열어 전쟁터로 나가노라.

이 기록은 주나라 선왕이 엄윤이 침략하자 윤길보를 보내 막았던 사실을 담고 있다. 이는 '혜갑반' 명문에서도 확인할 수 있다.

(주나라) 선왕이 엄윤을 토벌할 것을 명하여 태원까지 내쫓았다. 혜갑 길보가 왕명을 받들어 그들과 싸워 이기고 포로를 잡아와 개선했다.

엄윤의 공격에 주나라가 적절히 대처하면서 막아낸 것처럼 보인다. 그러나 주나라는 엄윤뿐만 아니라 그 밖의 북방 유목 민족의 침략을 효과적으로 막아내지 못한 경우가 더 많았다.

중국 하나라 때부터 삼국 시대인 위나라 때까지의 역사를 기록한 것으로 전하는 『죽서기년』을 보면, 주 선왕이 진중에게 명하여 서융이라는 민족을 토벌하도록 했으나 오히려 패배했으며 진중은 전사했다.

주나라의 마지막 왕인 유왕(재위: 기원전 782~기원전 771)은 제후인 신후와 증후가 견융을 끌어들여 공격한 결과 죽음을 맞이하기도 했다. 여기에서 언급된 서융·견융 등은 모두 귀방이나 엄윤을 일컫는 칭호이며, 융적이라고도 부르기도 했다.

이처럼 북방 민족의 세력이 강성해질수록 어려움만 커지자, 주나라는 웨이수이강 유역에 대한 지배력을 유지할 수 없었다.

제3장 주의 경제와 사회, 그리고 대외관계

그리고 유왕이 사망한 후 그의 아들인 평왕(재위: 기원전 771~기원전 720)이 주나라를 보존하기 위해 수도를 호경에서 낙읍(洛邑: 지금의 뤄양 인근)으로 천도하여 동주(東周)를 세우면서 춘추 시대가 전개된 것도 북방 민족을 이겨내지 못했기 때문이었다.

다른 민족도 살펴보자. 지금의 숙신은 지금의 중국 동북 지역인 만주 부근에 자리 잡고 있었다는 민족이다. 여러 기록에 따르면 주 무왕이 상나라를 멸망시킨 후 숙신이 공물을 바쳤고, 주 성왕 대에 동쪽으로 원정을 가서 동이를 공격하자 숙신이 찾아와서 인사를 했다고 전한다. 주나라 초기부터 숙신과의 왕래가 있었다는 사실을 확인할 수 있다. 주나라의 대부였던 첨환백은 다음과 같이 말했다고 한다.

우리 주 왕조는 하 왕조 때의 조상인 후직의 공로로 위·태·예·기·필의 땅을 얻어 서쪽 영토로 삼았다. 또한 무왕 시절에 상 왕조를 정복하여 상엄 땅 등을 얻어 동쪽 영토로 삼았다. 파와 복·초·등의 땅을 남쪽 영토로 삼았고, 숙신과 연·박의 지역을 북쪽 영토로 삼았다.

이 기록을 통해 주나라의 영역이 사방으로 어느 정도까지 확대되었는지 알 수 있다. 상나라 때보다 더 넓은 영토를 확보했음을 알 수 있으며, 숙신이 사는 지역까지도 영향력을 행사했다. 현재 연구되고 있는 고고학 성과나 각종 자료를 분석한 결과, 첨환백의 말이 상당 부분 사실로 드러나고 있다.

05

주의 쇠퇴와 멸망, 그리고 또 다른 주의 등장

주의 제2대 국왕인 성왕부터 강왕·소왕·목왕·공왕(재위: 기원전 922년경~기원전 900년경)이 통치했던 시기가 주나라의 전성기였다. 그러나 제7대 의왕(재위: 기원전 900년경~기원전 892년경) 때부터 여러 모순이 나타나면서 주나라의 국력은 쇠퇴하기 시작했다. 전 세계의 역사를 살펴보았을 때 무엇보다도 한 나라를 멸망의 길로 들어서게 하는 중요한 원인은 바로 지배층의 권력 다툼과 그로 인한 정치 혼란이다.

멀어진 인척 관계, 주나라의 쇠락을 부르다

주나라도 마찬가지 경우였다. 제9대 국왕인 이왕 때 제후들이 천자를 보러 오지 않거나 천자 앞에서 서로 다투고 대립해도 왕이 막을 수 없었다고 한 기록이 대표적인 예이다. 설상가상으로 제후들이 왕에게 인사를 한다 하더라도 왕이 자신의 자리에서 절을 받지 못하고 제후들이 서 있는 곳으로 내려와야 할 정도로 왕의 권위는 크게 추락했다.

왜 이런 상황이 나타나게 된 것일까? 앞서 말한 것처럼 봉건제는 왕과 제후들이 혈연으로 이어진 동시에 임금과 신하의 관계를 맺고 있기 때문에 돈독한 유대가 이루어질 수 있었다. 그러나 문제는 바로 세월의 흐름이었다.

왕과 제후의 지위가 그 후손에게 전해지는 순간 친·인척의 거리는 멀어지는 것이다. 형인 국왕과 아우인 제후가 죽고 그의 아들들이 뒤를 잇는다면 사촌지간, 또 그 아들들이 계승하면 6촌·8촌 등으로 멀어져 한 집안이라는 생각이 엷어질 수밖에 없다. 이는 바꾸어 말하면 제후국의 자립성이 강화되어갔다고도 볼 수 있다.

그러면 왕과 제후 사이에 남는 것은 책봉과 조공을 통한 일종의 계약관계뿐이었다. 갈수록 제후는 왕의 명을 충실히 따르지 않는 데에 별 거리낌이 없었을 것이다. 그들에게 주어진 기본적인 의무만 다하고 난 후에는 오히려 세력을 강화하여 주 왕실을 뛰어넘으려는 욕심을 가질 수도 있는 일이었다. 실제로 주나라가 멸망하게 되는 상황을 맞이했을 때, 어떤 제후국도 주 왕실을 돕는데 나서지 않았다는 점이 그런 추측을 가능하게 한다.

폭정을 일삼던 여왕의 말로

주나라가 쇠퇴하게 된 또 다른 이유로 주나라와 주변 민족 간에 갈등이 커졌던 점을 꼽을 수 있다. 앞서 주나라와 그 동서남북에 위치한 민족과의 관계를 살펴보았다. 그중에서도 북방의 유목 민족은 의왕 때부터 세력이 강성해져 남쪽으로 진출했고 주나라에 큰 위협이 되었다.

게다가 이왕의 뒤를 이어 즉위한 여왕이 남쪽으로 정벌을 많이 다녔던 것으로 보이는데, 이는 주나라가 남방의 초와 대립한 상황과 연결된다. 결국 주나라는 남북 양방향을 모두 공격하거나 수비해야 하는 부담을 지게 되었다.

여기에 전쟁을 치를 때마다 국가의 재정은 악화될 수밖에 없었다. 그럴때마다 여왕은 나라 안의 야인들에게 세금을 부과하여 왕실 재정문제를 해결했다. 또한 바르지 못한 국정 운영에 대한 국인들의 불만을 억누르고자 했다. 더 나아가 여왕은 무당을 동원하여 국인을 감시하고 처벌하는 등 폭정을 일삼는 데에 이르게 되었다.

여왕은 재정을 맡기기 위해 영 이공을 등용하여 경사로 삼았다. 영 이공은 도성 밖의 지역인 야에 있는 산림과 강·호수에서 얻을 수 있는 생산물을 독점하여 이익을 얻는 정책을 폈다. 그런데 그러한 자원들은 주나라의 지배층이 공동으로 이용하던 땅이었고 그곳에서 나는 산물도 같이 나누어야 하는 것이었다. 그러나 그 모든 것을 국왕이 다 차지한다고 하니 지배층뿐만 아니라 평민의 불만도 상당히 높아지게 되었다.

하지만 이에 아랑곳하지 않고 여왕은 여론을 통제하며 백성을 억압했다. 그래서 주나라 백성은 국왕에 대한 불만을 말하지 못하고 속앓이만 해야 했다.

양보라는 인물은 "지금 왕께서 이익을 독점하시려 하는 것은 말도 안 되는 일입니다. 평범한 사람이 혼자서 이익을 다 차지해도 도둑이라 몰아세우는데, 국왕께서 그런 일을 하시면 어떻게 합니까? 아무도 국왕을 따르지 않을 것입니다"라고 돌직구를 날렸다. 그런데도 여왕의 이기적인 행태는 그치지 않았고, 계속 다른 지역으로 군사 원정에 나서 국력을 소모했다.

결국 여러 지배층으로부터 신망이 두터웠던 제후 소공이 여왕에게 말했다.

"사람들의 입을 막는 것은 강물을 막는 것보다 더 심한 것입니다. 물을 막았다가 터지면 많은 사람이 다치게 되는데, 사람들의 입을 막는 것도 마찬가지입니다. 따라서 물을 다스리기 위해서는 물길을 터주어서 갈 곳을 인도하고, 사람을 다스리기 위해서는 언로(말의 길)를 열어주어야 합니다."

하지만 여왕은 소공의 말도 듣지 않았다. 결국 기원전 841년 주나라 백성이 폭동을 일으켰다. 여기에 장인을 관리하는 관리와 무사 등도 가담했다. 역사서에 따르면 국인들이 왕궁을 포위하고 여왕을 공격했으며, 겁에 질린 여왕은 자식들도 다 버리고 혼자 살겠다고 체(彘: 지금의 산시성 훠저우시)로 도망쳐 다시는 돌아오지 못했다.

태자는 소공의 집에 숨어 위기를 넘겼다. 이후 소공이 태자를 보호하는 한편, 주공(주공 단의 후손)과 더불어 주나라의 정사를 돌보게 되었으니 이것을 '공화행정(주나라에서 실시된 공화 정치, 왕을 대신하여 몇몇 지배층이 국가 통치를 나누어 맡은 것)'이라고 부른다. 주공은 주나라의 동쪽 지역을 담당하여 다스렸고, 소공은 서쪽 지역을 통치했다고 한다.

폭정 끝에 빛난 소공의 '감당지애'

여기서 잠깐 소공이라는 인물에 대해 살펴보고 넘어가자. 소공은 중국 전국 시대의 7개 강대국(전국 7웅) 중 하나인 연나라의 시조가 되는 인물이다. 여왕이 쫓겨난 이후 소공은 주공과 함께 주나라를 다스렸는데, 그가 담당한 지역에서는 지배층에서부터 평민·서인에 이르기까지 모두 자기가 할 일이 있었다고 한다. 실업자가 하나도 없이 모두 안정된 생활을 할 수 있을 정도로 올바르고 모범적인 정치를 펼쳤다는 말이다.

소공은 곳곳을 순시하며 백성의 어려움을 살폈는데, 감당나무 아래에서 백성의 불만과 갈등을 듣고 공정하게 해결해주었다. 이에 후대 사람들이 감당나무를 소공 대하듯 하여 그의 어진 정치를 높이 샀다.

여기에서 백성을 위하는 정치를 펼친 사람을 우러러보고 기리는 마음을 가리키는 '감당지애(甘棠之愛)', '감당유애(甘棠遺愛)'와 같은 사자성어가 유래했다.

제3장 주의 경제와 사회, 그리고 대외관계

청출어람을 꿈꾸던 선왕의 노력은 결실을 맺었을까

주나라의 공화행정은 14년간 유지되었다. 여왕이 사망했다는 소식이 들려오자, 그제야 제후들은 여왕의 아들을 왕으로 세우고 정사를 그에게 넘겼으니, 그가 바로 선왕이다. 선왕은 아버지보다 모범적인 군주의 모습을 보였다. 선왕은 47년간 통치하면서 안으로는 민생을 안정시키는 올바른 정치에 힘썼고, 밖으로는 외적의 침입을 물리치는 업적을 남겼다.

선왕은 북방의 엄윤과 서융의 침입을 막아내고, 남쪽의 초도 제압하여 주나라의 국력이 아직 강건하다는 것을 보여주었다. 폭정을 일삼은 아버지의 잘못을 씻어내고자 눈물 나게 노력한 결과였다.

그러나 선왕도 외적과의 전쟁에서 매번 승리한 것은 아니었으며, 유능한 인재를 전쟁터에서 많이 잃기도 했다. 큰 패배가 반복되면서 국가의 재정 위기가 찾아오기도 했다. 훌륭한 국왕이 된다는 것은 참으로 어렵고 고단한 길이었다.

선왕은 국고를 확보하고 병력을 보충하기 위해 인구 조사를 하기로 했다. 하지만 이에 대해 여러 제후가 반발했다. 대신 중의 한 명이었던 중산보는 선왕에게 다음과 같이 주장했다.

"백성의 수를 파악하는 것은 안 될 일입니다. 옛날에는 머릿수를 세지 않고도 한 나라의 인구가 얼마나 되는지 알았습니다. 지금도 사민(司民)은 출생과 사망자를, 사상(司商)은 사람들의 성을, 사도(司徒)는 군인의 수를, ……장(場)은 들어온 곡물을 양을, 늠(廩)은 나간 곡물을 양을 살펴서 파악하고 있습니다. 이렇게 여러 관리가 백성이 많은지 적은지, 몇 명이 출생하고 사망하는지, 어디에서 오고 어디로 가는지를 모두 알고 있습니다. 심지어 봄·가을·겨울에 사냥을 나가는 일로도 백성이 몇 명이나 되는지 알 수 있습니다. 그런데 또다시 인구를 조사한다는 것은 불필요한 일이 아닐 수 없습니다."

이미 충분히 백성에 대한 파악이 이루어지고 있는데 나라에서 자꾸만 더 조사하려고 한다면 오히려 나라의 좋지 않은 경제 상황이 드러날 수도 있었다. 결국 선왕의 무리한 정책 추진은 제후와 백성에게 신뢰를 잃는 부작용을 낳게 되었다.

즉위 초반 현명하게 나라를 이끌었던 선왕이었지만, 시간이 지나면서 아버지가 저질렀던 실수를 반복하면서 국정을 혼란케 하고 사회의 모순을 심화시키는 어리석음을 드러냈다. 민생 악화가 뒤따르는 것은 당연한 결과였다.

『시경』에서는 선왕 때의 병역 부담이 심했고, 백성이 삶의 터전에서 떠나가게 만들었다고 전하고 있다. 농사를 제대로 짓지 못해 밭에서는 짐승이 뛰놀고 잡초로 가득한 황무지가 늘어갔으며, 극심한 수탈로 인해 먹을 것이 없어진 백성은 고향을 떠나 유랑민이 될 수밖에 없었다.

설상가상으로 선왕 재위 시기에는 자연재해도 자주 있었다. 선왕 즉위 초에 큰 가뭄이 있어 극심한 기근에 시달렸고, 이로 인해 지배층 간에도 수탈이 일어나 세력이 약한 경우에는 몰락하는 일도 생겼다. 여기에 더해 중소 지배층들은 선왕의 끊임없는 정복 활동, 자신들에 대한 불평등 대우 등에 비판의 목소리를 높였다. 『시경』에는 다음과 같은 시가 담겨 있다.

누군가는 편안히 머물며 쉬고 있는데 누군가는 수고를 다해 나라를 섬기고, 누군가는 침상에 편안히 누워 쉬는데 누군가는 멈추지 않고 돌아다닌다. ……누군가는 집에서 편히 일어났다 누웠다 하는데 누군가는 왕사(전쟁)에 참가하는 바람에 여유가 없다. 누군가는 기쁘고 즐겁게 술을 마시고, 누군가는 슬퍼하고 자신의 허물을 두려워한다. 누군가는 오가면서 거리낌 없이 말하는데, 누군가는 그러지 못해 온갖 일을 다 도맡아서 한다.

확실히 시의 내용을 보면 50년에 달하는 선왕의 통치 기간에 여왕 못지않게 주나라의 국력이 쇠퇴하고 국내외로 각종 모순과 문제가 깊어지고 있었음을 알 수 있다. 안타깝게도 주나라의 끝이 서서히 다가오고 있었다.

하늘도 사람도 돕지 않은 유왕, 주나라의 마지막을 부르다

선왕의 뒤를 이어 주나라의 마지막 국왕인 유왕이 즉위했는데, 그다음 해에 대지진이 발생해 산이 무너지고 하천이 말라버릴 정도로 주나라가 큰 피해가 생겼다. 『시경』 등의 기록에서도 산이 무너져 언덕이 계곡으로 바뀌고 거꾸로 계곡은 구릉이 되었다고 묘사했는데, 당시의 지진 규모가 상상할 수 없을 정도로 컸던 모양이다.

여기에 엎친 데 덮친 격으로 심한 가뭄이 잇따르면서 농경지가 황폐해져 농민들의 생계에 비상이 걸렸다. 민생이 극도로 악화하는 건 불 보듯 뻔한 일이었다. 먹고살 길이 막막해져버린 농민 가운데 많은 수가 유랑민이 되어 떠돌았고, 민심은 갈수록 흉흉해졌다. 그 뒤로도 자연재해가 이어지면서 조정도 어떻게 손을 써야 할지 막막했다. 여기에 더해서 북방의 유목 민족의 침략으로 피해를 당하게 되자 주나라는 최대의 위기를 맞이하게 되

• 포사
포사는 포나라 출신의 여인으로 주나라 유왕의 사랑을 독차지하며 황후에 올랐다. 유왕은 포사를 기
쁘게 하기 위해 거짓으로 봉화를 올리다가 주나라의 멸망을 불러오기도 했다.

었다.

이럴 때일수록 국왕을 중심으로 통치 질서가 바로잡혀야 위기
를 극복할 수 있었을 텐데, 답답하게도 유왕은 너무도 실망스러
운 모습만 보여주었다.

기록에 따르면 유왕은 주색을 밝히고 성격이 거칠었다. 어머
니인 강후가 죽자 그의 포악한 정치는 더욱 심해졌는데, 여기에
는 '포사'라는 여인이 한몫을 거든 것도 있었다. 포사는 포나라

출신으로 기이한 탄생 배경을 가지고 있는 여인이다. 유왕이 포사를 사랑하게 되면서 그녀가 원하는 것을 다 들어주었고, 유왕의 뒤를 잇기로 한 원래 태자 대신 포사의 아들인 백복을 태자로 세우기까지 했다.

유왕이 포사를 얼마나 아꼈는지 알려주는 이야기가 사람들 사이에서 전해져온다. 포사는 성품이 냉정해서 웃음이 별로 없었다고 한다. 그런데 어느 날 관리들의 실수로 봉화가 피워져 연기가 올라가고, 그로 인해 주변 제후국들이 주 왕실을 보호하기 위해 급히 달려왔다. 이 상황을 본 포사가 웃음을 짓자, 유왕은 그녀의 웃음을 계속 보기 위해 봉화를 올렸고, 제후국들은 수차례 거짓 신호에 쓸데없이 불려 다녀야 했다.

이후 마치 양치기 소년의 이야기처럼 주나라의 제후국들은 봉화 신호를 믿지 않게 되었는데, 이때 아이러니하게도 북방 민족인 견융이 실제로 주나라를 침략하는 일이 발생했다. 유왕이 봉화를 올려 지원을 요청했으나 이미 제후들은 이번에도 거짓일 것으로 생각하고 아무도 유왕을 도우러 오지 않았다. 주나라의 마지막을 담고 있는 이 이야기를 통해 유왕이 얼마나 국정을 형편없이 운영했는지를 새삼 확인할 수 있다.

유왕이 태자를 바꾸어버린 일은 원래 태자의 외할아버지인 신후(申侯: 강씨 성의 제후)의 귀에도 들어갔고, 결국 신후는 불만을 품고 세력을 모아 주나라에 반기를 들고 봉기했다. 신후는 혼인을 통해 우호적인 관계를 맺고 있던 견융까지 끌어들여 유왕을 공격했다. 이때 목숨을 걸고 견융을 막아내려 했던 이가 진(秦)의 양공이었다. 그는 주나라의 왕실을 어떻게 해서든 지켜내려 했고, 주가 동쪽으로 천도할 때도 호위를 담당했다. 그러나 양공도 유왕이 살해되는 것을 막진 못했다.

유왕의 뒤를 이은 것은 폐위되었던 태자인 평왕이다. 그러나 견융의 세력이 확대되면서 주나라 영토를 장악해 들어오자 평왕은 수도를 호경에서 낙읍으로 옮길 수밖에 없었다(기원전 770). 이것으로 주나라의 역사는 끝을 맺게 되었으나 새로운 도읍에서 다시 한 번 주가 세워지게 되었다. 이것이 바로 동주(東周)인 것이다. 그리고 이전의 주를 서주(西周)라고 부르게 된다.

생각보다 주나라의 외교 능력은
뛰어나지 못했다?

주나라 땅 중에는 왕실과 제후들이 다스리는 곳 말고도 동이·회이·견융 등 다른 민족들이 사는 지역도 있었으며, 국경이 생각보다 뚜렷하게 나뉘어 있지 않았다. 따라서 수차례에 걸쳐 주변 세력에 대한 정벌을 추진하여 주나라의 통치 질서를 확산시키려 했다. 그러나 주나라의 대외 원정은 그리 만족할 만한 성과를 거두지 못했다. 상나라를 정복하여 성립한 주나라였지만, 국력을 약하게 만든 원인 중의 하나도 결국 대외 원정이었다.

본문에서 주나라 소왕 때에 남방에 위치했던 초와 수차례 대결했고 그 결과가 그리 좋지 않았다는 건 살펴보았다. 그런데 소왕의 아들 목왕의 경우도 사정은 마찬가지였다.

목왕은 서북 지역의 견융이라는 세력을 타깃으로 삼았다. 그들이 제대로 공물을 내지 않는다는 이유를 들어 정벌에 나섰던 것이다. 이때 모보라는 자가 목왕에게 다음과 같이 말했다.

"군사라는 것은 일단 움직이면 위세를 떨쳐야 하는데, 그저 과시만 하는 거라면 놀림감이 됩니다. 선왕의 제도에 따르면 주변 민족들은 그 나름대로 주나라에 해야 할 역할이 있는데, 견융은 큰일이 있으면 왕을 찾아뵙는 일만 하면 됩니다. 그런데 물품을 바치지 않는다고 정벌에 나서 군사를 과시하겠다는 것은 선왕들의 가르침을 버리는 것이 됩니다."

신하의 간언에도 목왕은 군대를 일으켜 견융을 공격했다. 그러나 결과는 초라했다. 견융을 완벽하게 제압하지 못한데다 전투의 대가로 얻은 것이라고는 흰 이리 네 마리, 흰 사슴 네 마리뿐이었다. 오히려 대대적인 군사 활동으로도 견융을 굴복시키지 못했다는 소식은, 다른 민족들로 하여금 주나라를 얕잡아보게 한 계기가 되었다.

부적절한 대외 정책은 도리어 국가에 해가 되어 되돌아온다는 사실을 새삼 확인할 수 있다.

공화 정치는 주나라에서 시작되었다?

주나라의 열 번째 국왕인 여왕은 개인적인 이익을 취하고 사치에 빠졌으며, 간신을 등용하여 나랏일을 맡겼다. 그리고 그의 아래에 있던 경·대부의 재산을 빼앗아 자신이 차지하려고 했다. 이에 대한 백성의 반발이 거세어지자 감시와 형벌을 더 심하게 하여 힘으로 자신에게 저항하는 이들을 억눌렀다. 결국 경·대부가 힘을 모아 봉기했고 여왕은 수도에서 빠져나가 피신했는데, 이 사건을 '국인폭동(國人暴動)'이라고 한다.

이후 여왕을 대신하여 주공과 소공이 공동으로 정사를 돌보게 되었으니, 본문에서 이를 '공화행정'이라고 했다. 다른 표현으로는 '공화', 혹은 '주소공화'라고도 했는데, 천자를 대신하여 제후 또는 신하가 화합하여 정치를 펼치는 것을 의미한다고 기록에 전하고 있다.

이 '공화'라는 표현이 바로 지금도 사용되고 있는 공화제·공화정체 등이란 말의 기원이 된다. 그리고 사마천은 공화 정치가 시작되었던 기원전 841년을 기준으로 『사기』의 연표를 상세하게 기록하기도 했다. 중국 역사에서는 이해를 문헌 자료를 통해 확인할 수 있는 최초의 공화정기로 평가한다.

중국·한국·일본의 역사는 오랫동안 국왕이 나라를 통치하는 군주제(전제 정치, 왕조 국가 체제 등으로도 불리는)로 통치되었다. 그런데 이미 기원전에 국왕 없이도 나라가 다스려질 수 있었던 사례가 중국 역사에서 나타난 것은 어떻게 이해해야 할까? 그리고 이것을 서양의 공화정 체제 또는 현대의 공화정체와 비교한다면 어떤 차이가 있을까?

●

자신의 이익만을 추구하는 군주가 나타나면 나라는 걷잡을 수 없는 혼란으로 빠져든다. 여기에 변방의 이민족까지 침입하여 피해를 입힌다면 결론은 뻔하다. 그 나라는 시간의 저편으로 사라져버리는 것이다. 주나라도 이와 같은 운명을 맞이할 뻔했는데, 다행인지 불행인지 외적을 피해 수도를 옮기고 나라의 수명을 좀 더 늘렸다. 그러나 그것이 더 복잡한 이야기를 만들어낼 줄은 아무도 몰랐을 것이다. 이제 세상은 바뀌어서 왕실의 존재는 미약해지고 제후들의 욕심이 서서히 고개를 들게 되었다. 봉건제라는 완벽했던 질서는 세대가 거듭되면서 그 힘을 잃어 깊은 혈연관계를 유지시켜주지 못했다. 먼 친척들과 종갓집의 밀당은 어떠한 결말을 낳을까.

●

제4장

춘추 시대의 전개

01

동주의 성립과 제후들의 세력 확대

기원전 770년 주나라 평왕이 호경에서 낙읍으로 천도하여 동주(그 이전의 주는 앞으로 서주라고 부름)를 세운 이후부터 기원전 403년까지를 중국 역사에서 '춘추 시대'라고 부른다. 기록에 따르면 춘추 시대에는 100개가 넘는 제후국이 있었다고 한다. 그 가운데 강성한 세력을 가진 제후국으로는 제·진(晉)·초·오·월·진(秦)·노·정·송 등을 이야기할 수 있다.

동쪽으로 물러난 평왕, 봉건제의 정점에서 내려오다

서주 말기에 나라 안은 온통 전쟁과 자연재해 등으로 혼란하

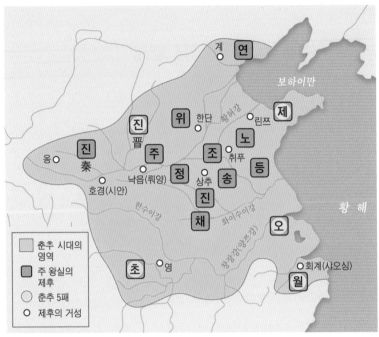

· 춘추 시대 지도

춘추 시대는 중국의 역사에서 기원전 770년에서부터 기원전 403년 사이의 시기를 말하며, 주나라의 동천 이후 진나라 중국 통일까지의 시기는 춘추전국 시대의 전반기에 해당한다.

고 피폐해졌다. 여러 국왕의 국력 회복 노력은 큰 효과를 보지 못했으며, 대외 정벌에서도 내정 운영에서도 백성이 만족할 만한 성과를 내지 못했다. 결국 주나라 국왕의 권력은 갈수록 약해질 수밖에 없었다. 그리고 서주의 마지막 왕인 유왕은 마치 하나라의 걸왕과 상나라의 주왕이 포악한 정치를 펼쳤던 것 못지않게 국정을 혼란으로 이끌어 주나라 왕실의 권위를 바닥에 떨어뜨리

제4장 춘추 시대의 전개

고 말았다.

따라서 동주를 세운 평왕은 몇몇 유력한 제후에게 의지하여 주나라의 명맥을 어렵게 이어가야 했고, 앞으로도 제후들과 맺은 친선관계를 어떻게 유지하느냐에 따라 국가의 운명이 좌우될 판이었다. 초기의 동주는 지금의 산시성 동쪽에서 간쑤성 위중현 일대의 지역을 차지하고 있었으나, 제후국에 땅을 내어주게 되면서 지금의 뤄양 주변의 몇백 리만을 영토로 삼았다.

그러나 더 큰 어려움이 있었는데, 바로 주나라의 핵심 통치 체제인 봉건제가 붕괴하여 더 이상 기능하지 않게 되었다는 점이다. 왕과 제후가 상·하의 질서를 지키면서 국가를 위해 각자의 의무를 다하던 서주 때의 모습은 더는 찾아볼 수 없었다. 동주의 왕실과 제후들의 공동체 의식은 이미 사라진 지 오래였다. 세대가 거듭될수록 왕과 제후, 제후와 경·대부 사이에는 매우 형식적인 의무와 권리만이 남을 뿐이었다.

따라서 제후국들은 더는 동주의 국왕에게 정기적으로 문안을 가거나 공물을 바치지 않았다. 동주의 재정은 성립 초기부터 형편없었기 때문에 천자는 체면이 구겨지는 것을 무릅쓰고 제후들에게 지원을 요청할 수밖에 없었다. 따라서 동주는 다른 제후국에게 존중을 받지 못했을 뿐 아니라 이들과 같은 대접을 받게 되었다. 천자는 더는 제후들 위에 군림할 수 없었다.

동주의 쓰디쓴 패배가 불러온 결과

이러한 상황을 잘 보여준 사건이 동주와 정나라의 전투였다. 정나라가 제후국의 중심이 되려는 야심을 보이자 동주의 국왕은 이를 막고자 다른 제후들을 끌어들여 견제했다.

이에 기분이 상한 정나라는 동주에 강한 불만을 표시했고, 결국 동주의 국왕은 정나라에게서 제후의 지위를 빼앗는다. 이를 계기로 기원전 707년 동주와 정나라 사이에 무력 충돌이 발생했는데, 결과는 정나라의 승리였다. 이 싸움을 지켜본 다른 제후들이 동주에 대해 어떻게 생각할지는 불을 보듯 뻔한 일이었다.

이제 동주보다 더 막강한 세력을 가진 제후국이 나타나는 것은 흔한 일이 되어갔다. 서주 시절 천자가 정치·사회적인 모범이 되고 기준이 되었다면, 동주 성립 이후에는 모든 예악(禮樂)과 형벌이 제후에게서 나온다는 말까지 있을 정도였다.

물론 아직까지는 강력한 국력을 갖춘 제후국이라 하더라도 하늘의 뜻을 이어받았다는 정당성을 가진 주나라 왕실을 함부로 할 수 없었다. 그래서 겉으로는 천자에 대한 예를 잘 지켜 그를 보호함으로써 민심을 얻고 명분을 쌓아 천하에 인정받는 것이 현명한 선택이었다.

하지만 동주를 넘어서는 나라가 되겠다는 생각을 하는 제후국이 한두 나라가 아니었기 때문에, 이들 사이에서 언제든지 패권 다툼은 일어날 수 있었다. 바야흐로 결과를 예측할 수 없는 각국의 경쟁이 펼쳐진 춘추 시대가 시작되었다.

02

최고의 자리에 오르려는 춘추 5패 (1)
― 제와 초

동주가 더는 천하의 중심이 될 수 없는 상황에서, 동주의 사방에 있던 제후국들은 가장 강한 나라가 되어 다른 나라를 압도하고자 큰 노력을 기울였다.

이때 여러 제후국 가운데 초·제·진(晉)·오·월이 상대적으로 두드러졌는데, 이들을 춘추오패라고 부른다. 또는 진(秦)이나 송을 춘추오패에 포함시키기도 한다. 춘추오패는 정확하게 다섯 제후국을 말한다기보다는 춘추 시대에 몇몇 나라가 치열한 경쟁을 벌였다는 의미로 좀 넓게 해석할 필요가 있다. 이제부터 그 나라들의 사정을 짚어보기로 하자.

먼저 제나라를 보자. 제는 서주 초기에 강태공에게 내려진 제후국이라는 것을 앞서 이야기했다. 그런데 제나라는 강태공 이후로 변변치 못한 통치자들이 즉위하면서 어려움을 겪었다. 심지어 다른 제후들이 제나라의 군주였던 애공을 죽음에 이르게 하는 일도 있었다. 제나라 입장에서는 큰 치욕이었지만 좀처럼 이를 만회할 수 있는 뛰어난 군주가 나오질 못했다.

그러다 장공 광(光)이 장기 집권하면서 국정이 안정되었고, 통치권을 아들인 희공에게 무난하게 넘겨주어 성장의 기반을 닦을 수 있었다. 그러나 희공의 뒤를 이은 양공 때에 부적절한 통치로 또 한 번 정치적인 어려움을 겪었다.

원수에서 은인으로, 제나라가 장공을 등용하다

동주의 성립 이후 제후국 중에서 먼저 두드러졌던 정나라의 군주 장공 오생이 사망하자 초를 비롯한 다른 제후국들이 앞으로 치고 나왔다. 이때 제나라에는 환공이 등극하면서(기원전 685) 국운의 전환기를 맞는다. 이 전환기는 환공이 관중이란 인물을 등용하며 찾아왔다. 그는 노나라에서 활동하면서 자신을 죽이려고까지 했던 인물이었다.

관중은 원래 제나라 사람이었지만 양공이 통치자가 되자 혼란이 생길 것을 예측하고 다른 지역으로 피해 있었다. 그리고 환공의 형인 규의 편을 들어 그가 양공의 뒤를 이을 수 있도록 힘을 썼다. 이를 이루기 위해 관중이 환공을 없애려고 한 것이었다. 그러나 환공이 위기를 벗어나 제나라의 차기 통치자가 됐고, 관중은 노나라로 망명하여 목숨을 부지했다.

그런데 어떻게 배신자라고 해도 할 말이 없는 관중이 다시 모국인 제나라로 돌아와 정치와 경제를 발전시켜 춘추 시대의 강대국으로 올라가게 한 것일까. 이것이 가능할 수 있었던 건 바로 그의 절친 포숙의 절대적인 지지 때문이었다. 바로 '관포지교'라는 사자성어로 유명한 두 친구의 우정 말이다.

관중과 포숙은 어렸을 때부터 친하게 지낸 사이였다. 포숙이 두 살 많았지만 두 사람은 한 선생님 밑에서 같이 공부했다. 관중과 포숙은 같이 장사를 하면서 더욱 친해졌고, 이후 정치 활동에서도 동반자의 길을 걷게 되었다. 그러나 주군을 서로 다르게 선택한 것을 계기로 포숙은 출세했고, 관중은 죽기 일보 직전까지 가게 되는 얄궂은 운명을 맞이하기도 했다. 이때 포숙이 나서서 제나라 환공에게 다음과 같이 말했다.

"전하께서 제나라를 다스리는 것으로 만족하신다면 저(포숙)만으로도 충분할 것입니다. 그러나 천하의 패자가 되시려면 관중을 곁에 두고 써야 합니다. 그러니 부디 그를 살려서 등용하십시오.”

환공은 깊이 고민한 끝에 포숙의 뜻을 따르기로 했고, 관중은 환공의 곁에서 재상의 역할을 맡았다. 이런 일들을 겪은 관중은 이런 말을 사람들에게 남겼다고 한다.

“일찍이 내가 가난할 때 포숙과 함께 장사했는데, 이익을 나눌 때 나는 내 몫을 더 크게 가져갔다. 그러나 포숙은 나를 욕심쟁이라 하지 않았다. 내가 가난한 것을 알았기 때문이다. 내가 포숙을 위해 일을 도모했다가 더 좋지 않게 되었을 때도 포숙은 나를 어리석다 하지 않았다. 형편이 유리하게 또는 불리하게 흐를 수 있음을 알았기 때문이다. 내가 세 번 벼슬길에 나아갔다가 번번이 군주들에게 퇴짜를 맞았어도 포숙은 나를 무능하다 하지 않았다. 내가 때를 만나지 못했다고 여겼기 때문이다. 내가 세 번 전쟁터에 나가 모두 패하고 도망쳤을 때도 포숙은 나를 겁쟁이라 하지 않았다. 내게 연세가 많은 어머니가 있음을 알았기 때문이다. 나를 낳아주신 건 부모님이지만 내 가치를 진정으로 알아준 이는 포숙이다.”

• 관포지교

관중과 포숙아의 사귐이라는 뜻으로, 형편이나 이해 관계에 상관없이 친구를 무조건 위하는 두터운 우정을 말한다.

이렇게 끊임없이 자신을 믿고 힘이 되어준 포숙 덕분에 관중은 제나라에서 중요한 관직에 올라 통치 제도를 정비하고 군사력을 강화했으며, 경제 정책을 적극적으로 실시하여 국력을 성장시켜 나갔다. 사농공상의 역할을 분명하게 나누고 그들의 거주 지역을 정해주었으며, 전국을 중앙 3군과 지방 5비로 나누었는데, 3군과 군사 조직을 결합해 효율적인 행정과 군사 운영이 이루어지게 하는 한편, 지방 5비는 농업을 중심으로 한 산업과 생산을 담당하도록 했다. 이러한 관중의 노력이 결실을 보면서 제나라는 대외 팽창에도 자신 있게 나설 수 있게 되었다.

제나라 환공은 안정된 국내 사정에 힘입어 적극적인 세력 확장을 꾀했다. 송나라와 노나라 등의 다른 제후국과 손을 잡으며 정나라도 영향력 아래에 두었다. 이렇게 북방 융적의 침입을 막아내고 여러 제후국을 구해냄으로써 제나라의 명성은 나날이 높아져갔다.

기원전 651년, 제 환공은 규구에서 제후들을 한자리에 모아 회의를 개최했다. 이를 '회맹'이라고 부른다. 이때 노·송·정·위 등 여러 제후국의 대표들이 참가했고, 동주의 국왕도 사람을 보내왔다. 회맹에 참석한 제후국들은 서로 동맹을 맺은 것이니 서로 침범하지 않고 공동으로 외적에 대응하기로 합의했다. 그리고 환공이 회맹의 우두머리 역할을 맡게 되면서 제나라는 제후국 중에 으뜸인 맹주의 지위를 차지하게 되었다. 제나라의 전성기가 찾아온 것이었다.

그러나 그것도 잠시였다. 환공이 죽은 뒤로 제나라의 국력은 급속도로 쇠퇴하여 찬란했던 영광은 자취도 없이 사라지고 말았다. 그럼에도 제나라가 춘추 시대에 제일 먼저 두각을 나타내었다는 사실이 변하는 것은 아니다.

떠오르는 강자 초나라, 천자의 상징을 넘보다

다음으로 초나라를 살펴보자. 초는 서주 시절부터 남방에 위치했으며, 끊임없이 북쪽으로 세력을 확장하여 다른 제후국을 제압했다. 그럼에도 초나라는 '남방의 오랑캐' 소리를 들으며 정당한 대접을 받지 못했다.

오랫동안 낮게 평가받았던 데에 불만을 가진 초나라는 동주가 성립된 이후 부지런히 그 존재감을 드러내려 했다. 한번은 기원전 703년 초나라의 통치자인 무왕이 주변의 제후국을 모았는데 수나라가 오지 않은 일이 있었다. 그러자 이를 빌미로 초나라는 수나라를 공격하여 격퇴하고 한수이강 일대를 장악해나가는 무서움을 보여주었다.

초나라는 성왕 때에 이르러 동주의 중심지에 가까운 지역까지 세력을 확대했다. 그러나 이때는 제나라 환공이 통치하면서 위세를 떨치던 시기였고, 따라서 초나라를 따르던 나라들이 제나라 편으로 돌아서기도 했다. 초나라 입장에서는 자존심 상하는 일이었지만, 이대로 기세를 꺾을 수는 없는 노릇이었다. 그래서 초나라는 제나라의 편에 있던 제후국을 공격하면서 강자에게 도전장을 내밀었다.

그러나 제나라는 이에 대응하여 여러 제후국과 함께 초나라의 편에 서 있었던 채나라를 굴복시켰다. 그리고 초나라에도 공격을 가했다. 초나라는 제나라의 공격을 막아내는 한편, 큰 싸움은 자제하면서 갈등을 원만하게 해결하려 했다. 아직은 제나라에게 덤빌 때가 아니라고 여겼던 모양이다. 결국 두 나라는 소릉에서 맹약을 맺었다. 제나라도 초나라가 더는 북진하지 못하도록 막은 것으로 만족해야 했다.

이후 초나라는 주변의 작은 제후국들을 공략하면서 세력을 유지하는 한편, 제나라보다 위에 올라 패자가 되고자 기회를 엿보고 있었다. 그리고 서서히 제나라의 국력이 쇠퇴하자 초나라는 진(晉)나라와 경쟁하면서 으뜸의 자리를 넘봤다.

이때 초나라에서는 목왕의 뒤를 이어 장왕이 즉위하면서 큰 변화를 맞이했다. 장왕은 그의 통치 초기에 귀족들이 반란을 일으키고 주변에 있던 민족들이 문제를 일으켰는데, 이를 어렵지 않게 평정하여 뛰어난 군주의 면모를 보여줬다.

그리고 장왕은 손숙오를 등용해 내정을 정비하고 수리시설을 갖춰 농업을 발전시키는 등 국력을 증대시키는 데 온 힘을 기울였다. 장왕의 안정된 정치로 모든 사람이 생업을 지키고 살아갈 수 있었을 정도로 초나라의 성장은 전례 없이 두드러졌다.

기원전 606년, 장왕은 육혼 지역(지금의 허난성 뤄양시 남동쪽)의 융을 토벌한 후 그 기세를 몰아 동주 부근까지 진출하여 군사력을 과시했다.

이에 동주의 국왕은 초나라 장왕이 어떤 생각을 가지고 동주를 긴장시켰는지 파악하기 위해 왕손(滿)을 사신으로 보냈다. 장왕은 왕손을 맞이하면서 그에게 주나라의 보물인 '구정(九鼎)'의 무게를 물었다고 한다. 이 질문을 받자마자 왕손은 장왕이 군대를 이끌고 와서 무력 도발을 하는 이유를 알 수 있었다. 바로 동주의 권위를 뛰어넘어 초나라가 천하를 이끌어가는 중심에 서고 싶다는 야욕을 드러낸 것이었다.

'구정'이라는 것은 하나라의 시조인 우왕 때에 만들어졌다고 한다. 우왕이 천하를 아홉 개의 주(九州)로 나누어 통치하면서 각 주에서 바친 귀한 금속들을 이용하여 만든 커다란 솥이었다. 따라서 구정은 천하를 대표할 뿐만 아니라 국가의 통치 권력을 상징하기도 했다. 그렇기에 하나라에 이어 성립했던 상나라, 또 상을 정복하고 성립한 주나라에까지 국가에서 가장 중요하게 여기는 보물로 계속 전해졌다. 천자의 존귀함을 상징하는 것이 구정이기도 한 것이었다.

따라서 구정에 대해 함부로 이야기하는 것은 매우 불손한 일이었다. 그런데 장왕이 구정을 입에 올리고 그것의 무게가 얼마나 나가는가를 물었다는 건, 초나라는 구정보다 더 큰 솥을 만들 정도로 국력이 대단하다, 즉 천자보다 더 큰 권력을 가질 만하다는 자만감을 가지고 있다는 뜻이었다. 이에 대해 왕손은 다음과 같이 대답했다.

"천하를 다스리는 사람은 덕으로 다스리는 법이지 솥단지와 같은 상징적인 물건에 의존하지는 않습니다. 옛날 우 임금은 덕이 있기에 인근 지역들이 금은보화를 바쳤고 그것으로 솥을 만들었습니다. 그리고 그 솥의 표면에 신과 만물의 모습을 새겨서 백성이 재앙을 입지 않고 신의 보호를 받도록 기원하였습니다. 하나라의 마지막 왕인 걸왕에게는 덕이 없었기에 구정은 상나라로 넘어갔고, 상나라의 마지막 왕인 주왕 역시 폭군으로 덕이 없었기 때문에 구정이 주나라로 넘어왔습니다. 왕실과 정치가 바르면 솥이 아무리 가볍다 할지라도 움직이지 않고, 그 반대로 왕실과 정치가 혼란스러우면 솥이 아무리 무거워도 반드시 남의 손으로 넘어갑니다."

왕손의 대답을 들은 장왕은 자신의 속내를 들킨 것에 부담을 느꼈고, 아직 초나라가 동주를 제압할 수 없다는 판단을 내렸다.

결국 초나라 군대가 물러나면서 일촉즉발의 상황은 해소될 수 있었다.

그렇지만 초나라의 도발은 계속되었다. 기원전 598년에 초나라는 군대를 일으켜 동주의 편에 있던 진(晉)나라를 공격했고, 이 듬해에는 정나라를 침략하여 3개월 만에 항복을 받아냈다. 진나라가 이 소식을 듣고 병력을 파견하여 초나라와 싸움을 벌였으나, 초나라의 승리로 끝났다.

몇 년 뒤에는 초나라가 송나라를 공격하여 9개월 동안이나 압박을 가했다. 송나라는 진나라에게 구원을 요청해 위기를 벗어나고자 했으나, 진나라는 초나라에게 패배한 경험이 떠올라 쉽게 병력을 보내지 못했다.

결국 송나라도 초나라에 굴복할 수밖에 없었다. 이렇게 여러 제후국을 제압해나가면서 초나라의 장왕은 드디어 천하를 손아귀에 넣은 통치자로 이름을 떨치게 되었다.

03

최고의 자리에 오르려는 춘추 5패 (2)
― 진(晉)과 진(秦)

춘추 시대를 호령했던 또 다른 제후국을 살펴보자. 먼저 진(晉)나라이다. 춘추 시대 초기에 진(晉)은 그리 국력이 강하지 못했다. 진나라가 있던 지역은 사방이 산으로 둘러싸여 있으며, 융적과 가까이 있었다. 따라서 진나라는 중국의 중심으로 진출하는 데 어려움을 겪었다.

여기에 더하여 진나라는 꽤 오랫동안 내란으로 몸살을 앓았다. 기원전 678년에 무공이 재위하는 동안 진나라는 정치적 안정을 취하게 됐고, 그 뒤로 등장한 헌공은 병력을 늘려 군사력을 강화함으로써 약소 제후국을 정벌해나갔다. 그 결과 진나라의 영토가 점차 넓어지면서 제후국들 사이에서 두각을 나타냈다. 그러나 헌공이 죽고 그 후계자 문제로 인해 다시 국정이 불안해졌다. 헌공에게 부인이 많았던 바람에 여러 아들이 진나라의 통치자 자리를 놓고 다투었기 때문이다. 다행히 혜공과 양공이 차례로 즉위하면서 내란으로 확대되지는 않았지만, 여전히 진나라의 정치는 불안한 상태로 남아 있었다. 군주들의 통치력이 그리 신통치 않았던 것도 문제점 가운데 하나였다.

문공, 역경을 딛고 진(晉)을 패주의 자리에 올려놓다

기원전 636년, 진나라의 역사를 크게 바꾼 인물이 군주의 자리에 올랐다. 그가 바로 문공이다. 문공은 헌공의 아들로 이름은 '중'이었다. 아버지의 많은 부인 때문에 배다른 형제들과 권력을 다툴 상황이 예상되었던바, 문공은 목숨을 부지하기 위해 진나라를 떠나 국외에서 19년 동안이나 지내는 고생을 감내해야 했다. 그리고 다른 제후국인 진(秦)나라의 지원을 받아 귀국하여 군주의 자리에 오를 수 있었다.

기록에 따르면 그는 오랜 타국 생활을 하면서 각종 역경을 겪었다. 이때 그를 따라다니면서 동고동락했던 호언·조쇠·선진 등을 중요 관직에 등용하고 그들의 건의에 따라 국가를 발전시켜

나갔다. 그의 현명한 정치 덕분에 진나라는 농업과 수공업 등 경제가 발전하고 정치가 안정됐으며 인구가 증가하는 등 국력이 성장할 수 있었다.

기원전 635년에 동주에서 왕자 대가 난을 일으키는 사건이 발생했다. 그로 인해 동주의 양왕(재위: 기원전 652~기원전 619)은 혼란을 피해 정나라로 몸을 옮겨야 했다. 이때 진나라 문공이 병력을 보내 대를 제거하고 양왕에게 왕권을 돌려주었다.

양왕은 문공이 자신을 도운 것에 보답하는 뜻으로 많은 영토를 진나라에 내려주었다. 이렇게 늘어난 토지는 진나라 경제에 보탬이 되었을 뿐 아니라, 여러 제후국 사이에서 문공의 명성을 높여주기도 했다.

앞서 천하를 주름잡았던 강대국인 제나라가 약해지고, 그 틈을 타서 초나라가 중원의 판도를 좌지우지하는 세력으로 떠올랐음을 이야기했다. 노와 정 등 여러 나라가 초에 굴복했고, 심지어 제나라같은 강대국도 초의 위협을 받고 있었다. 따라서 이름값을 높여가고 있던 진나라의 문공이 천하의 으뜸으로 자리를 잡기 위해서는 무엇보다도 초나라를 꺾어야 하는 숙제를 풀어야 했다. 그리고 기회는 찾아왔다.

기원전 633년, 초나라가 송나라를 공격하자 송의 군주가 진나라에 도움을 요청했다. 진나라는 먼저 초나라의 편에 있던 조나라와 위나라를 공략했고, 초나라에 사신을 보내 송에 대한 포위를 풀 것을 요구했다. 그렇게 한다면 진나라도 조와 위를 더는 공격하지 않겠다고도 했다. 그러나 대립은 해소되지 않았고 이듬해인 기원전 632년에 진나라가 진(秦)·제·송과 함께 대규모 전차 부대를 이끌고 가 초나라와 전투를 벌여 크게 승리했다.

진나라 문공은 제·노·송·위 등 7개국 군주와 한자리에 모여 회의를 열고, 동주의 국왕으로부터 가장 우월한 제후국임을 인정받았다. 그리고 문공이 죽은 후에도 한동안 진나라는 가장 강력한 제후국으로 패자의 지위를 지켜나갈 수 있었다.

같은 듯 다른 또 하나의 진, 초나라에 대항하다

한편 진이 패주가 되었을 때 새로운 경쟁 상대로 진(秦)나라가 등장했다. 진(秦) 역시 동쪽으로 세력을 확장하는 데 집중했다. 그리고 진나라 문공이 죽자마자 진(秦)을 통치하던 목공이 정나라를 공격하는 등 진나라와 친분이 있던 세력들에게 시비를 걸었다. 그리고 기원전 625년, 진(秦)은 드디어 진나라를 공격해 팽이라는 곳에서 전투를 벌였다. 두 나라의 전투는 한 치의 양보도 없이 치열했는데, 이번에도 진(秦)은 진나라를 이기지 못했다.

1년 후에도 진(秦) 목공은 친히 군대를 이끌고 또다시 진나라를 공격했다. 이때 황허강을 건넌 후 타고 온 배를 모두 불태워버리고 패배하면 돌아가지 않겠다는 굳은 각오를 보였다. 하늘도 진나라의 결의에 움직였는지 마침내 진(秦)이 전투에서 승리를 거둘 수 있었다.

그러나 진나라 군대는 진(秦)이 동쪽으로 진출하려는 것을 끝끝내 막아내었고, 결국 진(秦)은 동쪽으로 향하는 발길을 멈추고 근처의 북방 민족인 융을 정복하는 데 집중할 수밖에 없었다. 그렇지만 기록에는 진(秦) 목공이 영토를 넓히고 서쪽 세력을 대표한느 인물로 적혀 있다.

진(秦)뿐만 아니라 진(晉)나라의 국력이 점차 쇠퇴한다고 판단한 주변 제후국들은 진나라에 도전장을 던지며 싸움을 걸었다. 대표적으로 제나라를 들 수 있는데, 제나라는 초나라와 연합하여 진나라에 우호적인 노나라, 위나라를 공격했다. 그러자 기원전 589년에 노와 위는 진나라에게 원군을 요청했다.

진나라는 대군을 보내 제나라와 맞붙어 싸워 이겼고, 노와 위가 빼앗겼던 땅도 되찾아주었다. 이 전투 이후 제후국들은 진나라의 국력이 아직 시들지 않았음을 깨닫고 훗날을 기약해야 했다.

진나라가 제나라를 제압하자 이번에는 초나라가 가만있지 않았다. 기원전 589년 겨울에 초나라는 제나라를 지원한다는 명분을 내세워 대규모 병력을 동원했고, 한편으로는 다른 제후국과 한자리에 모이는 회의를 주최했다. 이때 많은 나라가 참가하여 초나라의 권위를 인정해주자, 진나라도 초나라와 함부로 전투를 벌일 수 없었다. 초나라도 신중을 기하면서 진나라와 외교에 임했다. 이후로도 양국의 대립은 꽤 오랫동안 이어졌다.

한 치 앞도 알 수 없는 세력 다툼

기원전 580년, 진나라의 통치자로 여공이 즉위했다. 그는 국가의 부흥을 추구하며 세력을 확대해나갔다. 기원전 579년에는 초나라와 화의를 맺어 한때 양국의 긴장관계가 해소되는가 싶었다. 그러나 3년 뒤에 초나라가 먼저 맹약을 깨고 정나라와 위나라를 공격하여 복속시켰다. 이듬해 진나라는 초나라에 굴복한 정나라를 토벌하러 나섰는데, 정나라가 초나라에 구원을 요청하면서 마침내 진나라와 초나라의 전투가 언릉에서 일어났다. 결과는 진나라의 대승이었다.

초나라를 격퇴한 진나라 여공은 이후 통치권을 더욱 강화하기 위해 여러 관료를 숙청하는 등 정치 개혁을 시도했는데, 그 뜻을 이루지 못하고 피살되고 말았다. 여공이 죽은 후 진나라의 경·대부 사이에 발생했던 권력 다툼은 점차 가라앉았고, 도공이 즉위하면서 내정도 안정되었다. 도공은 융 세력과 화친을 맺어 무력이 아니라 외교로 주변 민족과 공존하는 방법을 선택했다. 그리고 군사력을 제후국들과 패권 경쟁에 집중하여 더욱 원대한 꿈을 이루고자 했다.

기원전 571년에 진나라는 정나라를 위협했다. 언릉 전투 이후 정은 초나라를 따를 수밖에 없었는데 진나라의 압력을 받아 다시 편을 바꾸게 되었다. 이렇게 진나라와 초나라의 힘겨루기와 약한 제후국들이 갈팡질팡했던 상황이 춘추 시대의 본모습이다. 즉 동주의 권위를 등에 업고 천하를 호령하는 최강자가 되려는 제후국들의 경쟁이 끊임없이 이어진 시기였던 것이다.

이후 진나라가 상당히 오랫동안 패권을 잡고 다른 제후국들을 압도했다. 하지만 모든 일에는 결국 끝이 있는 법이다. 다시 강대국으로 떠오르는 제후국이 있었던 것이다.

04

패자의 길에 나선 춘추 5패 (3)
—오와 월

창장강 하류에 위치했던 오나라는 춘추 시대 초반만 해도 다른 제후국과 교류가 별로 없었다. 지역적으로 동떨어져 있다는 이유도 있었을 것이다. 그래서 다른 제후국에 대한 기록을 담고 있는 역사서에서도 오에 대한 내용은 찾아보기 어렵다.

그런데 기원전 583년에 진나라가 오나라를 이용해 초나라를 제압하려 했다는 이야기가 전해진다. 진나라는 오나라에 사람을 보내 전차를 운용하는 법, 각종 전법 등을 알려주고 초나라를 자극하도록 했다. 그런 덕분에 오나라가 초나라를 공격하여 영토를 빼앗을 수 있었다.

기원전 515년에 오나라에 권력 다툼이 발생하면서 새로운 통치자가 등장하니, 그가 바로 오나라 국왕 합려였다. 기록에 따르면 합려는 백성과 함께 어울려 지내면서 이들의 생활을 잘 알 수 있게 되었고, 민심을 잘 헤아려 나라를 발전시켜나갔다. 그리고 기원전 512년에 오나라는 서나라를 정복했는데, 이때 초나라 대신들은 장차 오나라가 자신들에게 큰 위협이 될 것으로 생각했다.

합려는 오나라로 도망쳐온 초나라의 관리 오원(오자서)을 등용했다. 오원은 초나라가 가진 문제점, 즉 여러 대신이 서로 협력하지 못하고 국정을 제대로 운영하지 못하는 점에 대해 돌직구를 날렸다. 그의 지적을 수용한 합려는 관료들의 위계질서를 바로잡아 국정을 안정시킬 수 있었다.

오원은 또 합려에게 초나라를 공격할 계책을 건의했다. 그 방책은 군대를 셋으로 나누고 한 번에 3분의 1씩 병력을 동원해 교대로 초나라를 공격하여 초의 국력을 서서히 약화한 후, 전군이 총공세를 펼치는 것이었다. 합려가 그의 계책을 받아들여 초나라를 끊임없이 공격하니, 해마다 오나라의 도발을 받은 초나라는 전쟁으로 피폐해져갔다.

기원전 506년에 오나라는 대군을 보내 초나라를 공격했다. 초

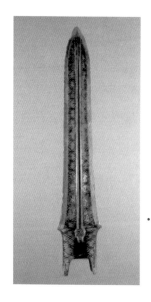

· 오왕 부차의 창
오왕 부차의 창은 오왕 부차 시기에 제작된 청동제 모(矛, 긴 창)이
다. 후베이성 장링현 출토 기물로 춘추 말기의 초·오 양국의 빈
번한 전쟁 와중에 오나라에서 초나라로 유입되었으리라고 추정
된다.

나라 군대를 계속 격파한 오나라 군대는 초나라의 수도인 영도
까지 진격했고, 초나라를 다스리던 제후 소왕은 황급히 도망을
친 후 진(秦)에 원병을 요청했다. 진(秦)의 전차 부대가 구원하러
와준 덕분에 초나라는 간신히 오나라 군대를 국경 밖으로 몰아
낼 수 있었다. 이를 계기로 초나라는 자존심에 큰 상처를 입었고
더는 패자의 지위를 유지할 수 없었다.

오나라가 전쟁으로 얻은 것과 잃은 것은?

한편, 오나라의 인근에는 월나라가 있었다. 월나라는 오나라가 초나라를 공격하는 틈을 타서 오나라를 침입했다. 기원전 496년, 오나라가 월나라와 취리성(지금의 저장성 자싱시 부근)에서 맞붙었다. 전투 결과 오나라가 크게 패했으며, 합려가 부상을 입어 끝내 사망하고 말았다. 이때부터 오와 월의 악연이 시작되었다.

합려의 뒤를 이어 그의 아들인 부차가 오나라를 통치하게 되었다. 그는 기원전 494년에 아버지의 원수를 갚고자 군대를 이끌고 월나라를 공격했는데, 승전을 거듭하면서 월나라의 수도까지 쳐들어갈 수 있었다. 결국 월나라를 다스리던 구천은 퇴각했고, 오나라에 사신을 보내 화의를 요청했다.

오원은 부차에게 월나라를 완전히 멸망시켜 후환을 없애야 한다고 건의했으나, 부차는 계속된 승리에 자만하여 오원의 말을 듣지 않았다. 결국 오와 월 사이에는 화친이 이루어졌고, 구천은 목숨을 부지할 수 있었다. 그리고 살아남은 구천은 치욕을 되갚음해주기 위해 서서히 오나라에 대한 복수를 진행했다. 오원의 우려가 현실로 나타나게 되었다.

월나라를 꺾은 후 오나라는 중국 중심부로 진격하여 당시 가장 강력한 제후국이었던 제나라, 진나라 등과 한판 힘을 겨룰 생각을 했다. 이에 기원전 486년 오나라는 성을 쌓고 창장강과 화이수이강을 연결해 송나라와 노나라로 통하는 수로를 만들기도

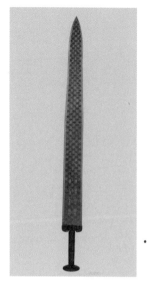

● 월왕 구천의 검
월왕 구천 시기에 구리와 주석으로 만든 청동검으로 '越王勾踐自作用劍(월왕구천자작용검)' 여덟 자가 새겨져 있다.

했다.

오나라가 강대해지자 오나라를 따르는 제후국이 나오게 되었다. 그리고 오나라는 제나라를 제압하기 위해 기원전 485년에 수군을 보내 제나라를 공격했다. 이듬해에는 제나라 군대를 애릉에서 격퇴하기도 했다. 오나라 병사들은 애릉에서 제나라 군사들과 싸워 큰 승리를 얻었다. 제나라는 당시 전투로 인해 수백 대에 달하는 전차를 빼앗기고 유능한 장수들을 잃었다.

기원전 482년 오나라의 부차가 여러 제후국과 모임을 했다. 이 자리에서 오나라는 진나라와 패자의 자리를 놓고 다투었고,

결국 오나라가 으뜸으로 올랐다.

그러나 오나라는 계속 전쟁을 벌여 최고의 지위를 차지한 것이기 때문에 그 대가로 민생이 악화하고 국내 사정이 어려워진 문제를 피할 수 없었다. 『좌전』을 보면 "오나라가 전쟁으로 날로 피폐해져 죽은 사람의 뼈가 들판의 풀처럼 나뒹굴고 있다"고 기록되었으며, 부차가 백성을 잘 보살피지 않고 "마치 원수처럼 대했다"고 했다. 오나라는 비록 제후국 중 가장 막강한 지위를 차지했지만 잦은 전쟁으로 국력을 소모하는 바람에 국고가 텅 비어버리고 말았다.

와신상담으로 엇갈린 오나라와 월나라의 운명

한편 오나라에게 패했던 월나라의 구천은 섶나무 위에서 잠을 자고 쓸개를 맛보며 부차가 안겨준 좌절감을 잊지 않으려 했다. '와신상담(臥薪嘗膽)'이라는 사자성어가 바로 여기에서 유래했다.

월나라는 10년 동안 백성을 길러내고 재정을 확충해나갔으며 군대를 훈련해 복수의 기회를 엿보았다. 오나라 모르게 월나라는 국력을 서서히 회복시키고 있었다. 그리고 오나라는 패자가 되기 위해 북쪽으로 진격하는 데에만 집중했을 뿐 월나라에 대한 경계는 전혀 하지 않았다.

부차가 제후국들과 모여 회의를 열면서 정예 부대를 데리고 나갔을 때, 마침 오나라 국내에는 제대로 된 방비가 이루어지지 않았다. 바로 이때를 노려 구천은 병력을 일으켜 오나라를 공략하여, 수비군을 물리치고 태자를 죽였다.

이 소식을 들은 부차가 급히 군대를 돌려 오나라로 돌아왔지만, 월나라에 화의를 요청하는 것밖에 할 수 있는 일이 없었다. 부차는 땅을 치며 자신의 자만을 탓해야 했다. 발톱을 숨기고 있던 월나라를 제대로 감시하지 못한 대가가 너무 컸기 때문이다.

기원전 473년 결국 월나라는 오나라를 멸망시켰다. 부차와 같이 후환을 살려두는 실수를 하지 않기 위함이었다. 이후 구천은 군대를 이끌고 화이수이강을 건너 제나라, 진나라와 회동하는 한편 세력을 계속 넓혀갔다. 그리고 월나라는 새로운 패자로 등극하게 되었다.

05

춘추 시대 사방의 이민족들

중국은 하·상·주가 차례대로 성립하고 발전해나가면서, 그들이 생활하던 공간을 중국의 중심, 즉 '중원'이라고 표현했다. 그리고 정치·경제·문화적으로 선진이라는 생각을 하고 있었기 때문에 스스로를 '화하(華夏)', 혹은 '중화(中華)'라고 했으며, 이들의 주변에 살고 있는 이민족에게는 오랑캐라는 의미의 칭호(융·적·만·이)를 붙였다.

융과 적이라 불린 민족은 황허강 유역과 그 북쪽, 즉 중원의 서쪽과 북쪽에 위치했다. 융에는 북융·산융·강융·육혼의 융 등 여러 종류가 있었으며, 적은 백적과 적적으로 구분할 수 있었다.

기록에 따르면, 융적의 생활은 언어나 예속에서 중국 최초의 국가인 하나라와는 달랐다. "음식이나 의복이 화하와 달랐으며, 화폐가 통하지 않았고 언어도 소통되지 않았다"거나, "머리를 기르고 왼쪽 어깨를 드러내는" 등 역사서에는 융적 사람만이 가진 풍속이 언급되어 있다. 일부 융적의 경우에는 주나라 사람과 같은 종족이었다가 분리되었다고도 전한다. 이러한 인식은 춘추 시대에도 계속 이어졌다.

융적, 중국 역사의 주변에서 중심으로 들어가다

춘추 시대 초기에는 융적 세력의 군사력이 화하 세력(동주와 제후국들)보다 강했기 때문에 중원이 많은 위협에 시달려야 했다. 그러나 춘추 시대 중반 이후 패권을 다투는 제후국들이 군사력과 경제력을 증대시키면서 융적뿐만 아니라 만이의 여러 종족을 제압하고 복속시키는 상황이 나타났다.

그 결과 서융은 진(秦), 적적과 백적은 진(晉)나라가 정복했다. 제나라는 내이를 멸망시켰고, 회이가 세운 나라들은 초나라와 노나라가 복속시켰다. 초나라는 남방의 여러 종족이 세운 나라들을 제압했다.

이렇게 화하 세력과 그 주변의 이민족 간에 충돌과 화의 등 끊임없는 교류가 일어나면서, 화하의 문물이 이민족에게도 전해지게 되었다. 춘추 시대 말기에 이르면 화하 세력과 그 이외의 이민족 세력 사이에 공동체 상당히 좁혀지게 된다.

아직까지 중국 역사의 주인공은 화하 세력이라 할 수 있었다. 하지만 앞으로의 시간 속에서 이민족이 중국의 중심부인 중원, 즉 화북 지역을 차지하고 중국의 주역으로 등장할 수도 있으리라는 예상을 할 수 있는 대목이다.

06

춘추 시대의 사회와 경제·문화

춘추 시대에 경쟁했던 수많은 제후국은 주나라 때의 봉건제와 종법 질서에 따라 지위를 이어온 이들이 통치했다. 그보다 작은 세력의 국가는 경·대부 출신의 통치자가 다스렸다. 국가의 크기는 당연하게도 봉건제 아래 등급에 따라 결정되는 것이었다. 서주·동주의 국왕이 제후에게 땅을 내려주는 것처럼 제후들도 경·대부에게 땅을 내려 다스리도록 했다. 정나라 군주가 다른 제후국을 물리치는 데 공을 세운 대신들에게 여러 읍을 상으로 내렸고, 송나라 군주도 그의 신하인 향술에게 60개 읍을 상으로 주었다고 전해진다.

주나라의 권위가 약해졌다고는 하나 봉건의 원리가 사라진 것이 아니었기 때문에 제후들은 자신이 경·대부에게 내린 토지를 다시 거둬들일 수 있었다. 한편, 경·대부 중에서는 자신의 권력을 악용하여 다른 사람의 토지를 빼앗아 자기 것으로 만드는 횡포를 부리는 경우도 있었다. 그러나 춘추 시대에는 토지를 사고파는 일은 없었던 것으로 보인다.

경·대부도 자신이 담당하는 영역 안에서는 제후와 마찬가지의 권한을 가졌다. 백성의 경제를 책임지면서 그들의 죄를 물어 처벌할 수 있었다. 바로 행정권과 사법권이 존재했던 것이다. 자체 무장 조직도 가지고 있었다. 진나라의 경·대부 지위를 누렸던 한 씨, 양설 씨 등이 다스렸던 지역은 수 개의 현에 달할 정도로 넓었는데, 현마다 100대의 전차를 제공할 수 있을 정도의 군사력을 지니고 있었다.

한편 경·대부는 자신의 통치 영역에서 산업을 발달시키는 데에도 큰 노력을 기울여 농업뿐만 아니라 수공업과 상업을 담당할 이들을 정해두고 관리했다고 한다. 그리고 경·대부는 제후에게 토지를 받았기 때문에 그를 위해 일정한 의무를 다해야 했으니, 제후에게 공물을 바치는 것 이외에도 군대를 지원한 것이 그것이다.

서인과 소인은 지배를 받는 계층으로 제후, 경·대부를 위해 경작하고 세금을 냈으며, 노동력도 제공했다. 서인은 지배층의 궁실과 누각 건설 등 각종 공사에 징발되어 노동력을 바쳐야 했는데, 이 일이 농경에 지장을 주는 정도에 이르렀다. 결국 과도한 부역을 이기지 못해 도적이 되거나 반란을 일으키는 농민이 생기기도 했다.

농지개혁이 낳은 시대 변화의 결과는?

춘추 시기에 토지 제도는 기본적으로 서주에서 시행했던 정전제를 그대로 유지한 것으로 보인다. 여러 기록에 "육지와 구릉, 정전 등의 분배가 균등해야 백성이 원망하지 않는다" "경작지를 도랑으로 구분하고 정전법에 따라 여막에 다섯 가구를 두었다" 등의 내용이 보인다. 따라서 토지에 고른 분배가 매우 중요한 통치의 덕목이었고, 정전의 방식이 아직까지는 일반적이었던 것으로 여겨진다.

여기에 농업 생산력이 증대됨에 따라 춘추 시대에는 토지 이용률이 이전 시기보다 상당히 높아지게 되었다. 서주 때에 몇 년간 연속해서 농사를 지은 뒤에는 그 토지를 쉬게 하고 다른 토지에서 농사를 지어야 했는데, 이때 주거지를 옮겨야 하는 불편함이 있었다. 그런데 춘추 시대 중반부터 원전제(轅田制)가 시행되면서 농민이 직접 토지를 소유하고 경작하며 자유롭게 매매할 수 있게 되어 자기 소유의 경작지를 효과적으로 이용하는 것이 가능해졌다.

정전제가 운영되던 시기에는 농민이 공동으로 경작하는 공전에도 신경을 써야 했는데, 춘추 시대 초기까지도 농민의 이러한 부담이 유지되었다. 그러나 농업 생산력 향상과 그에 따른 생산량 증가로 농민이 사전 경작에만 집중하고 공전 경작에는 소홀히 하는 현상이 심해지고 말았다.

따라서 공동경작 지역을 두는 방식에서 벗어나 농민에게 경지 면적에 따라 세금을 받는 제도가 등장했다. 제나라의 경우 환공 때 토지의 비옥도를 보고 조세에 차등을 두었다고 전하고, 노나라의 경우는 기원전 594년에 토지의 면적에 따라 과세하는 방식(초세무初稅畝)을 실시했다고 한다.

이러한 변화는 귀족 중심의 토지 경영이 쇠퇴하는 결과로 이어졌다. 농민에게 부과된 의무가 줄어들었기 때문이다. 그리고 농민은 이제 철제 농기구 사용과 같이 좀 더 발전된 농경 기술에 관심을 기울이는 여유도 생기게 되었다.

농업이 발전하면서 수공업과 상업도 성장하게 되었다. 대표적인 사례로 부유한 상인이 출현했다는 기록은 춘추 시대의 상공업 발전이 이전보다 확실히 두드러졌음을 보여준다. 춘추 시대 말기에 진나라의 부유한 상인은 금과 옥으로 치장한 수레를 타고 자수로 문양을 넣은 의복을 입으며 많은 예물로 제후와 교제할 수 있었다고 전한다.

이러한 모습은 춘추 시대 말기로 가면서 더 많이 나타났는데, 월나라의 대부였던 범려는 관직을 그만두고 상인으로 변모하여 19년 동안 세 번씩이나 천금의 돈을 벌었다고 기록되어 있다. 또한 공자의 제자였던 자공은 그가 가는 곳마다 제후들이 몸소 뜰로 내려와 그에게 대등한 예를 갖출 정도로 재력이 대단한 인물이었다.

이러한 거상의 등장은 제1차 산업인 농업 발달과 인구의 증가, 또 여기에 이은 수공업 제품 수요의 증가가 가져온 결과였다. 수공업자나 상인이 공공 기관과 연결되어 활동했던 것에서 벗어나 민간 차원에서 개인의 이익을 위해 활동하는 상공업자들이 춘추 시대의 경제 발전에 이바지했던 것이다.

상공업의 발전과 함께 춘추 시대에 금속 화폐가 본격적으로 주조, 유통되기 시작했다. 춘추 시대 말 주나라의 경왕(재위: 기원전 619~기원전 613)은 화폐가 가벼운 것을 싫어해 대전(大錢)을 주조했다고 전해지고, 지금의 산시성 허우마에서 발견된 춘추 시대 진 (晉)나라 유적지에서는 금속 화폐를 주조하던 시설이 발견되기도 했다. 이러한 화폐의 등장과 확산에 따라 이전에 사용되던 바다 조개껍데기나 구리 덩어리 등은 점차 사라지게 되었다.

사(士)의 성장, 춘추 시대의 끝을 알리다

한편 춘추 시대가 끝을 향해가면서 종법 제도는 붕괴하고, 대를 이어 국정을 담당하던 관료의 부패와 무능력이 심각한 지경에 이르렀다. 이에 따라 경·대부에 비해 낮은 계층이었던 사(士)들이 정치·문화 부문에서 실무적인 임무를 수행하며 중요한 존재로 성장하기 시작했다.

그리고 주 왕실의 약화에 따른 각종 예의와 질서가 붕괴되어 가고, 제후국들이 더욱 체계적인 통치를 시행하길 원하는 욕구가 커짐에 따라 새로운 사상이 형성되기 시작했다. 이러한 배경 속에서 공자와 그의 사상이 출현하게 되었다.

공자는 노나라 사람으로, 기원전 551년에 태어났다. 그는 처음에는 하·상·주 대의 기본적인 사상 체계인 신정 정치와 천명사상에 우호적인 태도를 보였으나, 시간이 지나면서 천명·귀신 등에 대해 부정적인 견해를 가지게 되었다. 그가 남긴 말 중에 "귀신을 공경하되 멀리하라"라든가 "사람을 섬기는 일도 다하지 못하는데 어찌 귀신을 섬기려 하는가"라고 한 것들을 보면 이를 확인할 수 있다. 그리고 그는 이제 본격적으로 인간과 인간 사회가 가진 문제를 탐구하고 이를 해결하는 데 필요한 생각을 정립하는 데에 힘을 쏟는다.

공자는 『주례』를 중시했으며, 서주를 이상적인 시대로 보았다. 그리고 그는 '인(仁)'을 가장 핵심적인 개념으로 제시했다. 인은 왕과 경·대부 등 귀족들이 반드시 갖춰야 할 덕목으로, 공자는 "씀씀이를 절약하고 사람을 사랑하며, 백성을 부릴 때는 농사일이 한가한 시기를 택해야 한다"고 했으며, 제후의 폭정과 횡포를 비판하고, 잔혹한 방식의 억압으로 백성을 다스리는 것을 반대했다.

그는 '위정이덕(爲政以德)'을 주장해 인자한 마음과 태도(남을 사랑하는 자세)를 내세워 백성들을 가르치고 올바른 것이 무엇인지 알게 하여 통치자를 잘 따를 수 있도록 해야 한다고 말했다.

공자의 사상은 많은 제자에게 전해져 더욱 발전했다. 남을 가르치거나 남에게서 배우는 것을 즐겨했던 공자의 모습은 신분에 상관없이 모든 사람이 배움 앞에서 평등하다는 생각을 가지게 했고, 지식이 보편적으로 확대되는 데 긍정적인 영향을 미쳤다. 그리고 이러한 공자와 그를 따르는 사람들의 노력은 이후 전국 시대에 학문과 사상의 더 큰 발전으로 이어질 수 있었다.

한편, 춘추 시대에는 다양한 기록물이 작성되어 그 당시의 학문 수준을 짐작하게 한다. 대표적으로 『상서』『춘추』『시경』을 꼽을 수 있는데, 우선 『상서』는 그 내용이 대부분 서주와 춘추 시대에 나온 작품들로 이루어져 있다. 이는 청동기에 새겨진 명문 기록을 빼면 가장 오래된 기록물로 평가를 받는다.

노나라에서 편찬된 『춘추』는 중국에서 현존하는 가장 오래된 역사서이다. 지극히 간략한 문체로 춘추 시대의 중요한 역사적 사실을 담고 있으며, 각 사건에 대한 평가도 기록되어 있다.

『시경』은 서주부터 춘추 시대까지의 시가를 모은 책으로, 국왕과 귀족, 관리들이 당시의 상황과 연결 지어 지은 시들이 실려 있다. 여러 제후국의 민요를 싣기도 했다. 『시경』의 내용은 매우 방대해 정치적 중대사인 제사·전쟁을 비롯하여 개인적인 활동(연애), 노동 등 보통의 생활까지 소재로 삼아서 사람들의 생활상을 잘 보여준다.

절대 불가능한 오월동주(吳越同舟), 와신상담(臥薪嘗膽)의 끝은 파국

우리에게 잘 알려진 병법서 『손자』를 쓴 손무는 오왕 합려를 도와 초·제 등을 격퇴하는 데 큰 공을 세운 인물이다.

"나아갈 수도 물러설 수도 없는 지경이 되면 병사들은 그야말로 필사적으로 싸울 것이다. 이때 유능한 장수는 힘을 하나로 합쳐 병력을 운용하는 것이 중요하다. 예전부터 사이가 나쁜 오나라 사람과 월나라 사람이 한배를 타고 강을 건넌다고 하자. 강 한복판에 이르렀을 때 갑자기 강풍이 불어 배가 뒤집히려고 한다면 그들은 평소 가지고 있던 적대감을 접어두고 서로 양손이 되어 필사적으로 도울 것이다."

이는 『손자』에 나오는 오월동주(吳越同舟)에 대한 내용이다. 서로 원수지간이라도 어쩔 수 없이 손잡아야 할 때가 온다는 의미이다. 그러나 오와 월 사이의 원한이 과연 그런 식으로 해결될 수 있었던 문제냐고 묻는다면, 대답은 '아니오'이다.

오와 월의 피로 가득한 악연을 잘 보여주는 사자성어로 '와신상담'이 있다. 앞서 오나라 왕 부차가 월나라 왕 구천을 굴복시킨 일에서 비롯된 이야기이다. 구천이 패배에 위기에 몰렸을 때 죽음을 불사하고 최후까지 항전하려고 했는데, 그를 따르던 신하인 문종과 범려가 그를 말려 살길을 도모하자고 했다.

오나라 대신 백비에게 뇌물을 주고 목숨을 건지긴 했으나 부차는 구천에게 오나라로 와서 사죄하라고 요구했다. 오나라에 온 구천에게 부차는 그의 아버지인 합려의 무덤 옆에 구천을 살게 하고 온갖 고된 일을 시켰다. 그렇게 2년 동안 부차에게 치욕스러운 일을 당한 뒤에야, 구천은 월나라로 간신히 돌아오게 됐다.

구천은 그 후부터 원수를 갚기 위해 자신에게 가혹하리만치 엄격한 생활을 했다. 고기를 먹지 않고 잡곡을 먹었으며 무명옷을 입고 초가집에서 섶나무를 간 채 그 위에서 잠을 잤다(와신). 그리고 식탁에는 쓴맛으로 가득한 쓸개를 놓고 계속 맛을 보아 굴욕의 쓴맛을 되새기려 했다(상담). 이렇게 처절하게 복수의 칼을 갈았던 구천이 오나라를 멸망시킨 것은 당연한 결과였다.

왜 제후들은 쇠퇴한 주나라를
곧바로 무너뜨리지 않았을까?

춘추 시대에 접어들면서 주나라를 능가하는 힘을 깆게 된 제후
국들이 여럿 등장했다. 주 국왕의 권위가 땅에 떨어져서 더는 봉
건적 질서는 유지되지 못하게 된 것이다.

이때 각국의 관계에서 매우 주목해볼 수 있는 특징이 바로 '회
맹'이었는데, 이것이 봉건제를 대신했다 해도 과언이 아니었다.
회맹은 본문에서도 이야기했듯이 제후국 중에서 가장 강한 세력
을 가진 나라가 다른 제후들을 한자리에 불러모으고, 그곳에서
그들이 지켜야 할 약속을 맺는 것을 가리킨다.

이를 통해 제후 중에 우두머리가 되는 자가 '패자(霸者)'가 되
어 권위를 인정받고, 다른 패자가 등장하기 전까지 중국의 정치
적 질서를 이끌었다.

그런데 여기서 의문이 하나 발생한다. 왜 제후국들은 주나라

를 뛰어넘을 만큼의 큰 힘이 있었음에도 춘추 시대 초반부터 천자의 자리를 차지하지 않고 패자의 지위에 머물렀을까.

이들이 주 왕실을 유지하면서 내세운 명분은 '존왕양이(尊王攘夷: 이민족의 침입에서 주 왕실을 보호함)'와 '계절존망(繼絶存亡: 주 왕이 책봉한 제후이니 힘이 약하다 해도 함부로 무너뜨려 합치면 안 됨)'이었다고 한다. 왜 이런 논리를 내세운 것일까?

『관자』라는 책에 보면 이렇게 나와 있다. "옳은 말인데도 받아들이지 않고, 그릇된 말인데도 없애지 않고, 공이 있는데도 상을 주지 않고, 죄가 있는데도 벌주지 않으면서 백성을 잘 다스린 경우는 옛날부터 찾아볼 수 없었다. 옳으면 반드시 받아들이고, 그르면 반드시 고쳐 없애고, 공이 있으면 반드시 상을 주고, 죄를 지으면 반드시 처벌하는데 어찌 잘 다스릴 수 없겠는가?"

"군주가 올곧게 법을 지키면, 백관도 모두 그 법을 지킨다."

춘추 시대의 지배자들이 전국 시대와 달리 무한 경쟁을 벌이지 않은 이유가 무엇인지 이 내용을 참고하여 생각해보자.

●

당시의 어른들이 '말세'라고 혀를 끌끌 찼을지도 모를 상황이 펼쳐졌다. 세상에 '천자'의 지위를 가질 수 있는 사람은 오직 주나라의 국왕뿐이었는데, 이제는 모든 나라가 제후의 지위를 벗어버리고 왕을 칭하는 때가 온 것이다. 아랫사람이 윗사람을 업신여기게 된 시대, 우리는 이를 전국 시대라 부른다. 오로지 실력만이 인정받고 살아남을 수 있는 무기인 시기였다. 그래도 주나라 왕실을 존중하며 그를 가까이에서 지킨다는 명분으로 최고의 반열에 오르는, 의리를 생각하던 때는 지나갔다. 천하를 호령할 유일한 존재가 되기 위해 일곱 국가가 격렬하게 충돌하면서 부국강병을 지상 최대 목표로 삼았다. 전쟁은 더욱 치열해졌지만, 아이러니하게도 사회·경제적 수준도 덩달아 높아졌다. 역시 개인이든 국가이든 경쟁이 있어야 발전할 수 있는 것인가 고개를 갸우뚱거리지 않을 수 없다.

●

제5장

전국 시대의 전개

01

춘추에서 전국으로
─하극상, 또는 새로운 변화의 시작

춘추 시대 후반으로 가면서 각 제후국에는 신흥 세력이 성장했는데, 이들이 기존의 귀족뿐만 아니라 제후까지도 쫓아내고 권력을 차지하는 일이 계속되었다. 아랫사람이 윗사람에게 해를 가하는 '하극상'이 나타났던 것이다.

노나라의 경우 계손·맹손·숙손의 세 집안이 군사력 확충을 빌미로 나라 땅을 함부로 차지하기도 하고, 심지어 노나라를 통치하던 제후 소공을 나라 밖으로 추방해버리기도 했다.

　제나라에서는 전씨 가문이 신흥 세력으로 성장했는데, 이 세력은 정변을 일으켜 제나라의 전통적인 귀족들을 제거하고 최고

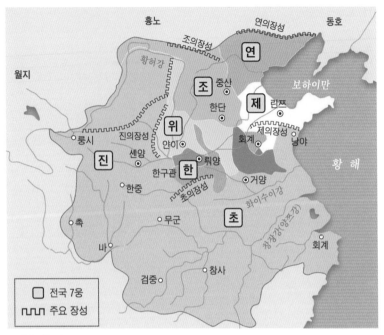

• **전국 7웅 지도**

전국 7웅은 전국 시대부터 진나라의 시황제가 중국을 통일할 때까지 멸망하지 않고 살아남은 일곱 나라를 가리킨다. 이 밖에도 여러 나라가 있었으나, 이들 일곱 나라가 가장 강력했고 중국사에서 중요하게 취급된다.

권력을 차지했으며, 심지어 제후의 계승에까지 깊이 관여할 정도가 되었다. 진(晉)나라에서는 신흥 세력으로 한 씨·위 씨·조 씨가 성장했다. 이 가문들은 기존 지배층인 혁씨와 충돌하면서 권력을 장악해나갔고, 결국 이 세 집안이 진나라의 땅을 나누어 차지하게 되었다. 더 나아가 동주의 국왕이 이들을 제후로 봉하기도 했다. 이는 곧 진(晉)나라가 세 개의 제후국으로 쪼개졌다는 말이 된다.

더 치열해진 각축전, 전국 7웅의 시대가 도래하다

이러한 혼란 속에서 동주의 원왕(재위: 기원전 476~기원전 469) 원년 일곱 나라가 자웅을 겨룬 전국 시대가 시작되었다. 혹자는 진(晉)나라가 셋으로 나뉘어 한·위·조나라가 된 기원전 403년을 전국 시대의 본격적인 시작으로 보기도 한다. 이후 기원전 221년에 7웅 가운데 하나였던 진(秦)이 나머지 여섯 나라를 복속시키고 통일을 이루면서 전국 시대는 막을 내리게 된다. 기간은 춘추 시대와 비슷하지만 이때보다 더욱 치열했던 시기가 바로 전국 시대였다.

춘추 시대에 100개가 넘는 제후국이 있었는데 서로 충돌하고 통합되면서 그 수가 줄어들었고, 그 결과 전국 시대 초반에는 10여 개의 나라만 남게 되었다. 그 가운데 강력한 국력을 자랑했던 진(秦)·위·조·한·제·초·연이 '전국 7웅'을 형성했다. 물론 이 밖에도 월나라와 같이 7웅에 못지않은 국력을 자랑한 나라도 있었다. 한편으로 임호·동호·파 등 다른 민족이 주변에 있었다.

7웅의 영역을 살펴보면, 위나라는 지금의 산시성 서남부, 허난성 지역을 차지했고, 조나라는 지금의 산시성 북부와 중부, 허베이성, 네이멍구 자치구의 일부 지역까지 걸쳐 있었으며, 한나라는 지금의 허난성 중서부, 동남부 지역에 있었다.

진(秦)나라는 지금의 산시성 중부와 간쑤성 동남 지역에 있었고, 제는 지금의 산둥성 북부와 허베이성 동남부에 해당하며, 초는 지금의 후베이성과 허난성·안후이성·후난성·장쑤성·저장성의 일부 지역을 차지하고 있었다.

고조선과의 관계로 우리에게도 친숙한 연나라는 허베이성 북부와 랴오닝성·지린성 일부를 영토로 가지고 있었다.

02

전국 시대를 규정하는 특징 (1)
─철기 보급 확대와 농업 발달

전국 시대가 춘추 시대와 다른 점은 서로 경쟁하는 나라의 숫자 뿐일까? 절대 그렇지 않다. 가장 두드러진 변화는 철기의 사용에 있었다.

춘추 시대 말기부터 철로 만든 농기구의 보급에 속도가 붙었는데, 그 덕분에 농민들은 철제 쟁기·보습·가래를 사용하여 더욱 수월하게 경작할 수 있었고, 농업 생산력도 향상되었다. 수공업자들은 철을 써서 칼·도끼·끌과 같은 공구를 만들어냈고, 이를 이용하여 다양한 물품을 제작할 수 있었다.

허베이성과 산둥성·산시성 등 중국 각지에서 철기가 대량으

로 출토되고 있다는 고고학 발굴 보고만 보더라도 전국 시대에
는 확실히 철기가 널리 사용됐음을 확인할 수 있다.

전방위로 일어난 농업 발전, 전국 시대 경제를 탄탄히 하다

그렇다면 전국 시대의 철기 사용이 어떻게 농업을 발전시켰는
지 좀 더 살펴보자. 단단하면서도 탄력이 있는 철제 농기구는 농
민이 황무지를 개간하여 농토로 만들어낼 때 유용했다. 이에 따
라 경작 면적이 계속 확대될 수 있었다. 농민들이 황무지를 개간
했다는 내용은 여러 기록에서도 찾아볼 수 있다.

농업 기술 면에서도 한층 업그레이드된 모습을 발견할 수 있
는데, 가장 대표적인 것이 바로 '깊이갈이'이다. 더 단단한 농기
구를 이용하여 땅속 더 깊은 곳의 흙을 끌어 올리는 것이 바로
깊이갈이인데, 지력을 회복시킬 수 있어 농사를 짓는 데 많은 도
움이 된다. 나무나 돌로 만든 농기구로는 한계가 있는 농법이 바
로 깊이갈이였다.

『맹자』『한비자』 등에서 "백성이 깊이 밭을 갈고 쉽게 김매기
를 할 수 있도록 해야 한다"는 내용, "땅을 가는 머슴이 깊이 갈
고 김매는 머슴이 샅샅이 잘 매도록"이라고 한 표현 등이 당시의
깊이갈이와 관련된 기록이다. 『장자』에서는 "땅을 깊이 갈고 김

을 자주 매주었더니 벼 이삭이 많이 달렸다"고 하여 깊이갈이의 우수한 효과를 언급하고 있으며, 다른 기록에서는 깊이갈이가 잡초가 자라지 않게 하고 해충도 없애 벼와 보리 수확에 많은 보탬이 되었다고까지 이야기하고 있다.

깊이갈이를 통해 생산력과 생산량이 증대되는 결과가 나올 수 있었으니 농민들의 생계가 전보다 나아지고, 국가 재정 확충에도 많은 도움이 되었을 것이라 쉽게 짐작할 수 있다. 여기에 가축을 이용한 농경인 우경(牛耕)까지 이루어지면서, 농경 사회에 기반을 둔 전국 시대 각국의 경제력은 꾸준히 상승 곡선을 그릴 수 있었다.

시비법의 발달과 수리 시설의 진보도 주목할 부분이다. 여러 기록에 '전비(田肥)'라는 표현을 볼 수 있는데, 이는 퇴비를 주어 기름진 토지에서 많은 수확을 올린 상황을 담고 있는 말이다. 전국 시대에는 시비법, 즉 퇴비를 만들고 이를 밭에 주는 방법이 발달했다. 물과 풀을 섞거나 재를 만들어 거름을 만드는 방법, 잡초를 태워 해충을 없애고 토지를 비옥하게 만드는 방법 등 토지의 지력을 높여주는 다양한 시도가 이루어지고 있었다. 동물의 뼈를 이용해 비료를 만드는 법도 있었다고 전한다.

농경에 필수 요소인 물을 인위적으로 토지로 끌어오는 관개의 중요성도 전국 시대의 농민들은 깨닫고 있었다. 『순자』에 보면 "제방과 다리를 수리하고 도랑과 수로를 통하게 해 흐르는 물이 잘 소통하고 물이 낮은 곳에 잘 고이도록 하며, 때에 알맞게 트고 막고 하면, 비록 흉년이나 장마, 가뭄이 들지라도 백성들이 김을 매고 거둘 수 있게 하는 것이 사공의 일이다"라고 했다. 농사에서 물을 다루는 것이 무엇보다도 중요했음을 다시금 알 수 있는 대목이다.

황허강 유역은 창장강에 비교하면 강우량이 많지 않기 때문에 물을 저장하고 곳곳의 토지에 공급하는 시설이 없으면 벼농사를 지을 수 없는 환경이었다. 그래서 『주례』에는 '길고(桔槹: 일종의 두레박 장치로 낮은 곳의 물을 높은 곳으로 퍼올리는 데 쓰는 도구)'라는 장치가 있어서, 지렛대 원리를 이용해 주로 적은 면적의 토지에 물을 대었다고 기록되어 있다.

한편 전국 시대에는 여러 기록물에서 농업 지식을 담고 있다는 점이 눈길을 끈다. 『관자』에는 토양과 관련한 지식이 담겨 있는데, 땅의 성질에 맞는 작물을 심는 것이 중요하다고 지적한다. 『여씨춘추』의 일부는 전국 시대의 중요한 농경 지식을 담고 있다. 여기에서도 깊이갈이와 김매기(잡초 제거)를 중시했음을 확인할 수 있으며, 밭을 갈 때 도랑과 이랑을 만들고 상황에 따라 도랑에 심거나 이랑에 심는 법을 선택하기도 했다고 적혀 있다. 씨 뿌리는 시기와 수확할 때를 놓치지 않는 것의 중요성도 빠뜨리지 않았다.

이러한 지식의 축적은 전국 시대 내내, 아니 중국 역사 내내 농업 수준이 전 세계를 통틀어도 일찍부터 최고였음을 보여주는 것이라고 할 수 있다.

이러한 농업의 발전 결과 전국 시대에는 농업 생산량이 크게 증가했다. 토질이 보통 수준인 경우에도 네댓 명이 먹고살 수 있을 만큼의 곡식을 생산할 수 있었고, 좋은 밭은 거의 두 배에 가까운 인원을 감당할 수 있었다고 한다.

풍년이 들면 평년보다 2~4배까지 수확량이 증가했다고 하니, 농민들의 살림살이가 넉넉했다고는 할 수 없더라도 생계를 유지하는 것은 가능한 수준이었다고 여겨진다.

03

전국 시대를 규정하는 특징 (2)
─상공업의 발달

농업 생산력이 향상되고 철기 사용이 보편화하면서 수공업과 상업 역시 크게 번성했다. 『주례』에 따르면, 관청에 속한 수공업자들이 목공이나 동기·옥기 제작 등 다양한 업종에 종사했는데, 분야가 세분되어 있었다는 점에 주목할 필요가 있다. 이는 당시의 수공업 기술 발전의 수준을 보여준다.

뭐든지 만들어드립니다, 전국 시대 수공업

철을 다루는 기술로 먹고사는 야철업은 철기 수요가 크게 늘면서 급속히 발전했다. "산 위에 붉은 흙이 있으면 그 아래 철이

있다"고 한 기록에서 알 수 있듯이 당시 사람들은 철광맥을 찾아
내는 나름의 노하우를 가지고 있었던 모양이다. 중국 각지에서
출토된 전국 시대 철기 제작과 관련된 유물로 거푸집이 있는데,
특히 진흙으로 만든 거푸집의 발견은 전국 시대에 이미 열처리
를 통한 철 주조 기술이 있었음을 알려준다.

학자들이 여러 가지 검사를 통해 거푸집을 분석한 결과 주로
철광석을 쇳물로 만들어 순수한 철을 얻는 방식이 사용되다가,
이후에 열처리하여 철기를 만드는 기술이 사용되었음을 알게 되
었다. 철을 더 강한 온도로 가열하고 짚과 재를 활용하여 강도가
높은 철을 만들어내는 데까지 이르게 된 것이다.

물론 청동기 제작도 여전히 계속되었다. 비록 실용적인 도구
를 제작하는 데에서는 철에 밀리고 말았지만, 지배층이나 관리
들이 사용하는 그릇·악기·제사용 도구·화폐 등을 만드는 데는
계속 사용되었다.

여기에 구리와 주석의 혼합 비율을 다양하게 바꿔가며 여러
종류의 청동을 만들 수 있는 지식도 축적되었다. 또 청동기에 금
·은 등을 입혀 문양을 넣는 공예 기법도 발달했다.

전국 시대에는 방직업도 성장했다. 제나라는 질 좋은 옷감을
생산한 것으로 유명했다. 다양한 재료를 이용하여 방직물이 만

들어졌음은 유물이나 기록 등에서 확인할 수 있다. 그리고 견직물(누에고치에서 뽑아낸 실로 만든 옷감)도 만들어낸 것으로 여겨진다. 소금 생산도 대규모로 이루어졌는데, 연나라·제나라가 유명한 소금 생산국이었다. 위나라에도 큰 염전이 있었다고 한다.

칠기의 생산도 전국 시대에 많이 늘어났다. 초나라 분묘에서 그릇·화장품 수납 상자·제사용 도구 등을 칠기로 제작했고, 문양이나 색채도 뛰어났다고 한다.

이렇게 다양한 종류의 수공업 생산은 주로 관청을 통해서 이루어졌다. 제나라에는 철을 관리하는 직책이 있었고 광산 개발도 관청에서 통제하면서 일반인의 출입을 제한했다고 한다. 거푸집에는 담당 관청의 명칭을 새겨 넣기도 했다.

소금의 경우도 마찬가지였다. 철과 소금은 사람들에게 중요한 물품이지만 수요와 공급이 함부로 이루어지면 안 된다고 생각했기 때문에, 국가에서 이를 통제함으로써 재정을 확충하는 데에 이용했다. 철과 소금의 생산과 소비를 국가가 전적으로 책임진다는 것, 바로 전매 제도가 시행되었다는 말이 된다. 한참 후의 이야기이겠지만 한의 황제였던 무제(재위: 기원전 141~기원전 87) 때에 '염철론'이라는 이름의 상당한 논쟁이 오갔다는 점도 이러한 맥락에서 이해할 수 있을 것이다.

- **전국 시대의 여러 화폐**

  전국 시대에는 나라별로 포전·원전·도전·황금 화폐와 같은 다양한 화폐가 유통되었다.

관영 수공업 이외에 민간 수공업도 성장했다. 위나라 사람 의돈은 염전으로 부를 축적했다고 전하며, 같은 나라의 공 씨나 조나라 탁 씨와 곽종 등은 철 제련으로 크게 성공을 거두었다고 한다. 관청에서 모든 수공업 제품을 생산할 수는 없었을 테니 민간차원의 수공업 제품이 판매될 틈새시장이 당연히 있었고, 기술력 또한 민간이 월등히 좋았을 가능성도 배제할 수는 없다.

돈이 돌고 사람이 는다, 상공업과 화폐경제의 발전

제1차 산업인 농업과 제2차 산업인 수공업의 발달은 자연스럽게 상업의 발달로 이어졌다. 당시 농민은 직접 물품을 만들어내지 않아도 옷감·그릇·철기 등을 구할 수 있었다고 하며, 수공업자도 농사를 짓지 않아도 생계에 지장이 없었다고 한다. 당연히 상인이 활약하여 물자의 유통이 더욱 원활해진 것이다.

그 덕분에 성공한 상인도 나올 수 있었다. 전국 시대의 유명한 상인으로 알려진 백규는 시세를 잘 파악했다고 한다. 즉 풍년이 들면 양곡을 사들이고 수공업 제품을 팔았으며, 흉년이 들면 곡식을 내다 팔고 옷감 등을 사들여서 큰돈을 벌었다.

원활한 상업 활동을 뒷받침하기 위해 각국은 대량의 금속 화폐를 주조하여 유통했다. 당시 각국의 화폐는 형식이 각기 달랐는데, 한·위·조나라와 주나라는 낫 모양의 청동 화폐인 포폐를 사용했고, 연과 제나라는 칼 모양의 도폐를 주로 사용했다. 초나라에서는 사각형 모양의 황금에 '영애'라는 글자가 새겨진 영애폐가 통용되었다.

이 화폐들은 그 나라에서 사용될 때의 편리함을 고려하여 제각각 모양과 무게·크기 등이 달랐기 때문에 각국 사이의 교류에는 불편할 수 있었다. 이에 전국 시대를 통일한 진(秦)나라가 반량전을 주조·유통해 화폐를 통일시킴으로써 화폐들의 차이를 없애 공정한 거래가 이루어지도록 했던 것이다.

그런데 화폐의 활발한 유통은 고리대(높은 이자로 돈을 빌려주는 것)의 성행으로도 이어졌다. 전국 시대에 고리대를 했던 사람은 주로 상인이었고, 관료나 지주도 있었다고 한다. 제나라 출신으로 진·제·위나라에서 재상을 지냈으며, '전국 사공자' 중의 하나로 알려진 맹상군은 그 재산이 당시에도 손으로 꼽을 정도였다고 한다. 또한 그가 해마다 벌어들이는 이자 수익만 10만 전에 달했다고 한다.

상업의 중심지가 된 곳은 성읍이었다. 각국의 도읍지는 정치와 경제의 중심지가 되었다. 기록에는 춘추 시대보다 전국 시대의 성의 규모가 세 배 이상 커졌고, 인구도 그만큼이 증가했다고 한다. 성읍의 규모가 확대되고 인구가 증가했으니 이는 상공업의 발전과 밀접한 관계가 있다.

『전국책』에는 제나라의 도읍지 린쯔의 상황에 대해 매우 부유한 곳이며 거리에는 수레가 서로 부딪치고 길거리의 사람들 어깨가 서로 닿을 정도로 북적였다고 표현하고 있다. 그리고 악기를 연주하거나 여러 유흥(닭싸움·개 달리기 경주 등)을 즐기는 사람들이 즐비했다고 전한다.

04

전국 7웅의 부국강병 노력 (1)
— 위나라·초나라

전국 시대에는 각국이 더는 왕과 제후의 관계로 연결되지 않았다. 모든 나라의 통치자가 스스로를 왕이라 부르고 있었기 때문에 동등한 위치에서 경쟁했다. 따라서 어떻게 부국강병을 이루느냐에 따라 어떤 나라든 천하를 차지할 수 있었다. 따라서 각 국가는 체질 개선을 위해 개혁 정책, 즉 변법을 시행했다.

지식과 능력으로 승부한다, 위나라의 변법

진(晉)나라에서 갈라져 나온 위나라는 건국 초기인 문후 시절부터 변법을 추진했다. 문후는 복자하를 스승으로 맞이하고 선자방·단간목 같은 인물을 우대했으며, 법가 사상가인 이회를 비롯하여 오기·서문표 등에게 중요 직책을 맡겼다.

여기서 주목할 사실이 하나 있는데, 바로 서주나 춘추 시대의 지배층인 경·대부보다 지위가 낮은, 그러나 학문과 지식으로 무장한 사(士) 계층을 등용하여 정치에 참여시켰다는 점이다. 이는 기존의 귀족 정치에 능력을 더 중시한 관료 정치가 이루어지고 있었다는 뜻이다.

복자하는 공자의 수제자로 유가를 발전시키는 데 이바지한 인물이며 전자방은 자공(위나라 출신이며 공자의 제자)의 제자로 그 역시 유학을 익혀 문후의 국정 운영에 중요한 조언을 함으로써 문후를 올바른 방향으로 이끌었다.

위나라의 통치 체제를 정비하는 데 중요한 역할을 한 인물은 이회이다. 그는 기존 귀족의 여러 세습의 특권을 없애고 공을 세운 자에게만 상을 내리게 했다.

또한 국가 소유의 토지를 농민에게 나누어 경작시키고 수확량의 10분의 1을 조세로 내게 했다. 그리고 평적법(平糴法)을 실시했는데, 이는 풍년이 들면 곡식을 나라에서 사고, 흉년이 들면 나라에서 값싸게 공급하는 등 물가를 잡고 민생을 안정시키는 제도였다.

이회의 업적 중에서 주목받는 것은 각국의 성문법을 두루 참조해 『법경』을 만들고 엄격한 형벌을 적용해 통치 질서를 바로잡은 점이다. 예를 들어, 국정을 비판한 죄와 성벽을 기어 넘는 죄는 한 사람이 저지른 일이면 그 한 명을 사형에 처했으며, 열 명 이상이 공모한 일이면 전 가족·전 마을을 사형에 처했다. 도둑질을 한 사람은 변방을 지키는 병사로 보내고 길가에서 물건을 줍는 것도 금지했다. 이렇게 강력한 법질서를 통해 이회는 아마도 국왕을 중심으로 한 통치 질서를 강화하고 싶어한 것이 아닐까 싶다.

오기라는 인물은 노나라·초나라·위나라에서 관직을 지내면서 많은 공을 세운 것으로 유명했다. 비교적 유복한 환경에서 학업에 몰두할 수 있었고 명예와 의리를 중시했다. 위나라에서 벼슬할 기회를 잡지 못하자 노나라로 가서 문무를 더 키워 관직에 오를 수 있었고, 제나라가 노를 침공해 오자 다양한 전술을 구사하며 이를 격퇴했다. 그리고 위나라로 다시 건너가 대장군의 지위를 얻고 위의 세력 팽창(사방으로 천 리에 가까운 땅을 개척했다고 함)에 크게 이바지했다.

오기와 도왕의 관료조직 개혁, 아쉬운 끝을 맺다

초나라의 변법 시행을 주도한 인물도 오기였다. 초나라 도왕 시절에 오기가 위나라에서 도망쳐왔는데 오기를 시기한 다른 지배층과의 갈등이 있었기 때문이다. 평소 오기가 현명하다는 말을 들었던 도왕은 그를 재상으로 맞아 변법을 시행토록 했다.

당시 초나라는 관리의 수가 많고 그들의 역할이 변변치 못했다는 문제가 있었다.

이에 오기는 봉건 영지를 가진 지배층의 특권을 3대 이후에 회수하도록 하고, 무능력한 관리를 내쫓고 필요 없는 관직의 수를 줄였다. 이를 통해 관리들에게 지출되는 국가 재정을 절약하고 군사력을 증대시키는 데 투자할 수 있었다. 그 결과 남쪽으로 월을, 북쪽으로 진(陳)과 채를 병합했으며, 서쪽으로는 진(秦)나라를 공격할 만큼 국력이 성장할 수 있었다.

그러나 변법의 시행이 1년도 지나지 않아 도왕이 죽고, 개혁에 불만을 품었던 기존의 권력층이 오기를 살해함으로써 초나라의 국력은 쇠퇴의 길에 들어섰다.

05

전국 7웅의 부국강병 노력 (2)
—제나라·한나라·진(秦)나라

제나라에는 위왕이 즉위하여 국정을 경·대부에게 맡기는 개혁을 실시했다. 그러나 이들이 서로 대립과 갈등을 반복하여 효과적인 통치가 이루어지지 못했다. 그런 중에 위왕은 즉묵 지역을 다스렸던 대부가 농토를 개간하여 농민의 생계에 보탬이 되도록 했고, 아읍 지역을 다스렸던 대부는 그렇게 하지 않아 농민의 생활이 어려웠던 사정을 알게 되었다. 정반대 결과를 가져온 두 명의 대부를 본보기로 삼아 위왕은 즉묵 대부에게는 넓은 지역을 상으로 내리고 아읍 대부는 팽형(삶아 죽이는 형벌)에 처했다.

이렇게 상과 벌을 뚜렷하게 내려 통치의 옳고 그름을 분명하게 제시한 위왕의 판단은 이후 제나라의 정치 안정을 가져오는 밑거름이 되었다. 한편, 위왕은 추기를 재상으로 삼았는데, 추기는 법률을 정비하고 국정에 해가 되는 관리들을 살펴 건전한 정치가 이루어지도록 했다.

한나라는 소후가 통치하던 시절에 신불해를 재상으로 임명하여 변법을 추진했다. 신불해는 법가의 통치 방식을 중시하는 인물이었으며, 군주가 관리들을 능력과 실적에 따라 평가함으로써 왕권을 강화하는 데 주력했다. 이에 15년간 한나라를 이끌며 국력을 성장시키는 데 이바지했다.

낡은 질서를 깨고 성장을 이끈 효공과 공손앙

전국 시대 초반 진(秦)나라는 경제 개편에 노력했다. 기존의 세금 제도를 현물세로 바꾸고, 시장을 설치해 상업을 장려했다. 그러나 여전히 진나라는 다른 나라에 비교해 국력이 뒤처진 편이었는데, 이는 봉건적 지배층이 왕권보다 강했기 때문이다.

효공이 다스리던 시절에는 지배층이 법을 무시하고 사치와 사리사욕에만 집착함으로써 국력이 쇠퇴했다. 초나라와 위나라의 위협을 계속 받고 있었고, 외교적으로도 다른 국가들로부터 동등한 대접을 받지 못하는 형편이었다. 이에 효공은 능력 있는 인재를 구하기 위해 포고령을 내렸다. 이때 위나라 사람 공손앙(상앙, 위앙)이 그 소식을 듣고 진(秦)나라로 가서 효공을 만나 부국강병을 위한 계책을 설명했다.

효공은 공손앙의 주장에 동의하며 그에게 변법의 시행을 맡겼다. 보수적 지배층이 옛 법과 제도에 따라야 한다고 반발했으나 효공은 공손앙에게 전적인 신뢰를 보냈다. 기원전 356년 공손앙은 법령 개정에 착수했다. 전국을 군현으로 편제하는 군현제를 시행하고 다섯 가구를 '오', 2오(10가구)를 '십'으로 편성하여 이 단위 안에 한 사람이라도 국법을 어기면 다 함께 처벌을 받는 연좌제를 도입했다. 그리고 고발하지 않는 자는 허리를 자르는 요참형에 처했다. 범죄자를 은닉한 자는 적에게 항복한 것과 같은 형벌을 내렸다.

또한 백성 가운데 두 명 이상의 아들이 있는데도 분가하지 않은 경우는 세금을 두 배로 내도록 했다. 대가족을 여러 작은 가족으로 쪼개어 더 많은 세금을 거두어들이기 위함이었다. 경작을 장려하여 곡식이나 비단을 많이 생산하는 자는 각종 의무를 면제해줬지만, 농경을 소홀히 하여 본업을 버리고 상공업에 종사하는 자는 일가족 모두를 처벌했다.

나아가 백성이 군공을 세울 수 있도록 적극적으로 격려해 군공이 있는 자에게는 벼슬을 내렸고, 지배층이라도 군공이 없으면 작위를 취소하고 특권도 누릴 수 없도록 했다.

이러한 공손앙의 새로운 법률은 당연하게도 기존 권력층에게도 불편함을 주었다. 그리고 새 법률의 시행이 1년을 지나면서 진(秦)나라 백성 중 수도에 가서 법령의 엄격함으로 인한 부당함을 호소하는 사람이 1,000명에 이를 정도로 많았다고 한다. 법률을 어겼을 때 처벌을 받는 것은 국왕의 아들인 태자의 경우도 예외가 될 수 없어서, 당시 태자가 법을 위반하자 그의 스승에게 벌을 내리기도 했다. 이 정도까지 공손앙이 원칙을 고집하자, 결국 진(秦)나라 백성 어느 누구도 감히 반대의 뜻을 낼 수 없게 되었다.

기원전 350년에 진(秦)나라가 수도를 옮겼는데, 이때 공손앙은 두 번째로 새 법령을 만들어 공포했다. 그 내용으로는 아버지·아들·형제가 한 집안에서 사는 것을 금지하고 남녀가 유별할 것을 규정했다. 도량형을 통일시키기도 했다.

이렇게 수차례의 법률 제정을 통해 진(秦)나라의 통치 기강이 바로 서면서 국력이 성장할 수 있었다.

06

전국 시대 각국의 통치가 갖는 의미

앞서 전국 시대의 각국은 변법을 시행하여 국가 통치의 기틀을 확립하는 노력을 기울였다. 변법의 목표는 국왕을 중심으로 하는 통치 체제를 마련하는 데 있었다. 이를 위해서 각국은 중앙 관제를 조직하고 군사 제도를 개편하여 왕권을 강화하고 다른 지배층(경·대부 등)의 힘을 약화하는 방향으로 나아갔다.

각국의 국왕들은 능력에 따라 인재에게 관직을 주었다. 춘추 시대에 귀족층이 관직을 세습해가며 권력을 독점했던 상황과 크게 달라진 것이다. 이에 따라 전국 시대에 활약한 인물들의 출신을 보면 귀족보다 아래의 신분인 경우들이 매우 많아졌음을 확인할 수 있다. 지식을 갖춘 사(士)뿐만 아니라 평민도 관리가 될 수 있었던 것이다. 신불해나 인상여 등의 인물이 대표적인 예라고 할 수 있다. 물론 왕족과 경·대부 집안의 사람이 중요 관직을 차지하고 있었던 점은 부인할 수는 없다. 그러나 왕의 지원을 받아 귀족을 통제하고 국력을 신장시키는 데 기여한 인물을 보면 확실히 전국 시대에는 능력이 중시되었음을 알 수 있다.

전국시대 공무원의 직장 생활 엿보기

전국 시대에 관료 체제에서 가장 높은 직책은 상(相)이었는데 승상·재상 등으로도 불렸으며, 초나라에서는 영윤이라고 했다. 상은 위로는 국왕을 받들며 아래로는 수많은 관리를 통솔하는 최고 관직이었다. 그 아래로 사도·사공·사구·어사 등의 관직이 중요한 역할을 담당했다.

그렇다면 관직에 복무하는 대가는 어떻게 지급되었을까. 전국 시대 각국의 관리는 봉건제 방식에 따른 봉토 지급이 이루어지지 않고 현물을 직접 받았으니, 이를 녹봉이라 부른다. 관직의 높고 낮음에 따라 녹봉으로 받는 곡식의 양은 큰 차이가 있었다.

물론 봉토를 받는 경우가 전혀 없었던 것은 아니었다. 제나라 맹상군·위나라 신릉군과 조나라 평원군 등이 그에 해당했는데,

이들은 왕족이었다. 대신들 가운데서도 큰 공을 세워 봉토를 받는 경우도 있었다. 그런데 중요한 점은 전국 시대에 봉토를 받은 이들은 예전의 봉건제처럼 그 지역을 통치할 권한이 없었고, 세습도 오래가지 못했다.

전국 시대의 관리가 임무를 수행할 때 중요하게 사용된 도구가 바로 새(璽: 인장 또는 도장)이다. 새는 국왕이 발급했으며 관리의 권한과 역할을 규정하는 기능을 했다. 따라서 관리가 죄를 지으면 새를 몰수하고 처벌했다. 국왕도 새를 가졌는데, 새를 통하여 행정권과 사법권·군사권 등 군주의 권한을 행사했다.

국왕은 관리들의 업무 능력을 평가하여 승진시키거나 좌천·면직시켰는데, '상계(上計)'라는 방식이 적용되었다. '상계'란 관리가 1년 동안 거두어들일 세금을 계산해 두 조각의 목권에 나누어 적은 다음, 한 조각을 국왕에게 주고 연말에 목권의 숫자를 확인해 관리의 성과를 파악하는 것이었다. 『순자』를 보면, "연말에 관리들이 이룬 공적을 정리해 국왕에게 아뢰는데, 공적이 합당하면 인정해주고, 합당하지 않으면 면직시켰다"고 기록하고 있다. 상계를 통한 평가는 상과 같은 고위 관리도 예외는 아니었다.

군현제와 징병제로 권력을 왕에게 모으다

각국은 지방 행정구역을 설치하여 중앙에서 이를 관할하는 통치 방식을 채택했다. 주로 현(縣)으로 행정구역을 편성했으며, 그 아래에 리(里)와 같은 작은 행정구역을 두었다. 진(秦)나라가 전국에 수십 개의 현을 두었다는 것이 대표적인 사례이다. 그리고 현을 통제하기 위한 상위 행정구역으로 군을 두었다. 바로 봉건제가 약화되고 군현제가 자리 잡아가고 있었던 것이다. 군에는 수라는 관리(군수라 부르게 됨)를, 현에는 영이라는 관리(현령이라 부르게 됨)를 두어 지역을 다스리도록 했다. 그 아래에는 승·위 등의 하위 관리를 배치했다.

전국 시대의 통치 체제에서 관심을 두고 보아야 할 것이 바로 군사 제도이다. 각국은 치열한 경쟁에서 승리하기 위해 병력을 최대한 많이 동원해야 했고, 이에 따라 징병제를 시행했다. 일단 나라 간에 전쟁이 일어나면 일정 연령에 해당하는 성인 남자는 군인으로 징발되었다. 물론 뛰어난 전투력을 갖춘 군사 조직으로 상비군(직업 군인)이 있었는데, 이들을 '연졸' '연사'라 불렀다.

군사 지휘권은 최종적으로 국왕에게 있었으며, 국왕은 전투를 지휘할 장수를 임명하여 군대를 그에게 맡겼다. 군사권을 상징하는 것은 청동으로 만든 호부였다. 국왕이 호부를 통해 군대를 움직였던 것이다. 호부는 둘로 나뉘며, 이를 하나로 합쳐 명령이 제대로 내려진 것을 증명했다. 함부로 군대를 동원하지 못하게 하기 위한 장치라고 여겨진다.

07

천하 차지를 위한 전국 7웅의 치열한 전쟁

전국 시대에 전국 7웅을 중심으로 전개된 전쟁은 춘추 시대보다 잦았고 치열했다. 여기에 전쟁에 참전하는 군대의 수 또한 엄청나게 커지고 전쟁 기간도 매우 길어졌다. 전국 7웅은 기본적으로 중무장한 병사를 수십만 명 거느리고 있었으며, 진(秦)나라나 초나라는 100만 명을 동원할 수 있었다고 한다.

흔히 우리가 사용하는 말 중에 '백만 대군'이라는 표현이 있다. 전쟁에 참전하는 군 병력의 수가 어마어마하다는 의미를 가진 말로 이해되고 있으며, 실제 100만 명이 동원되었을까 하는데에는 의아심이 들기도 한다. 그러나 전국 시대의 전쟁에서는 실제로 100만을 헤아리는 군대가 전투를 벌였다. 결코 대단한 군사력을 상징적으로 표현하는 정도가 아니었다. 전국 시대 말기인 기원전 262년부터 기원전 260년에 진(秦)나라와 조나라 사이에 벌어진 장평 전투의 경우, 조나라가 동원한 병력이 40만 명이었다고 전한다. 그리고 진(秦)나라가 초를 정복하기 위해 출병시킨 병력은 60만 명이 넘었다고 전한다.

춘추 시대에 제후국 사이에서 벌어진 전투는 며칠 만에 끝나는 경우가 대다수였다. 그러나 전국 시대로 넘어오면서 각국이 벌인 전쟁의 기간은 짧으면 몇 개월, 길면 몇 년 동안 계속되었다. 이로 인해 양국의 사상자는 수만 명에서 수십만 명에 이르렀으며, 영토는 이루 말할 수 없이 황폐해졌다.

『맹자』를 보면 "성을 다퉈 전쟁하면 죽은 자가 성안 가득하고, 땅을 다퉈 전쟁을 하면 죽은 자가 들판 가득했다"고 했다. 전쟁으로 인해 소모되는 물자의 양도 가히 상상을 초월했다. 『전국책』의 기록에는 한번 전쟁을 치를 때마다 소모되는 병기·말·물자가 십수 년 동안 농사를 지어 얻은 수확물로도 다 갚을 수 없다고 한다. 그리고 전쟁에 들어가는 모든 비용은 당연하게도 백성들의 부담으로 돌아갔다.

더 단단하게 막고, 더 강력하게 찌른다: 발달하는 전투 무기

각국은 전쟁에서 승리하기 위해 다양한 병장기를 만들어내고 최정예 부대를 양성하는 데 전력을 기울였다. 초나라와 한나라는 우수한 무기를 제작한 것으로 널리 알려졌다. 개인 병기인 검이나 창은 보통 청동으로 제작되었다가 점차 철제 검과 창이 등장했는데, 현재 발견된 여러 유적과 유물을 분석한 결과 이를 확인할 수 있다. 갑옷은 가죽으로 만든 것뿐만 아니라 철로 만든 것도 나타났다. 머리를 보호하기 위한 투구도 나타났다. 중무장 기병과 보병이 전투에서 큰 활약을 했을 것이라고 충분히 짐작할 수 있게 한다.

전국 시대에 새롭게 개발된 무기 중 가장 주목할 수 있는 것은 노(弩: 쇠뇌)였다. 노는 방아쇠를 당겨 활을 발사하는 무기로, 나무 자루에 여러 장치를 장착해서 만드는 비교적 복잡한 무기였다. 그러나 사람의 힘으로 발사하는 것보다 더 강력한 파괴력을 지녔다. 최대 사정거리는 전국 시대에 이미 800미터가 넘는다고 알려져 있다. 그리고 발로 밟아 노를 고정하고 줄을 당겨 고정시키는 방식으로 개량되면서 더욱 위력이 커졌다. 그러나 발사하는 과정이 활보다는 시간이 걸리는 편이고 줄이 끊어질 수도 있었기 때문에 예비 부품을 가지고 있어야 하는 불편함도 있었다. 이

밖에도 성을 공격하는 데 사용된 운제와 충거라는 거대한 무기, 수전(水戰)에 사용하는 장애물인 구거(큰 물도랑) 등이 전쟁에서 빈번하게 사용되었다.

전국 7웅, 필승의 전법에 골몰하다

한편 전쟁의 규모가 확대되면서 전략·전술·군인의 종류(병과)에도 변화가 찾아왔다. 일단 춘추 시대에 가장 많이 사용되었던 전투 방식인 전차 전투는 점차 사라져갔다. 대신 다양한 작전을 구사하는 데 효과적인 보병이 전장의 앞에 나서게 되었다. 그리고 기선을 제압하고 효과적인 피해를 주는 데 유용한 기병대가 갖추어져갔다. 북방 민족과의 충돌을 통해 기마 전술이 한족 국가들에 전해지게 된 것이다. 『전국책』의 기록에는 전국 7웅에 기마 부대가 기본적으로 수천의 말과 병사로 이루어졌다고 언급하고 있다. 조나라의 무령왕은 기원전 302년에 북방 유목 민족의 의복을 참조하여 전투복을 개량하고 병사들에게 말 타는 법을 훈련할 정도였다.

각국은 공격뿐 아니라 방어력도 높이기 위해 높고 긴 성벽, 즉 장성을 건설했다. 위나라는 황허강 서쪽을 지키기 위해 지금의 산시성 뤄수이강 동쪽에 장성을 쌓았다. 현재 남아 있는 장성 유적 가운데 가장 오래된 것으로 알려진 조나라의 장성은 지금의 네이멍구 자치구 투모터유치에서 바오터우시 일대에 있다. 연나라는 동호를 대파한 후 장성을 세워 북방 민족의 침입을 막고자 했다.

일찍 뜨고 일찍 진 위나라, 내실을 다져 떠오른 진(秦)나라

그러면 이제부터 전국 7웅이 최고의 자리를 차지하기 위해 어떻게 충돌하고 어떤 결과를 낳았는지 살펴보자. 가장 먼저 변법을 시행했던 위나라는 전국 시대 초기에 일찍부터 강대국으로 성장했다. 주변 지역을 공략하며 세력을 넓혀갔으며, 여러 차례 경쟁 상대였던 제나라와 충돌해 승리를 거두었다. 서쪽으로는 진(秦)나라를 공격하고 그들의 역공을 막아내기도 했다. 무후의 아들 혜왕은 기원전 361년 천도를 추진했으며, 이후로 송·위·한·조 등 여러 제후국을 침공했다. 기원전 354년에는 조나라의 수도인 한단을 공격하여 다음 해 함락시켰다. 기원전 344년에는 혜왕이 각국 대표를 모아 회의를 개최하고 천하의 패자로 우뚝 섰다.

기원전 343년에 위나라가 방연을 보내 한나라를 공격하자 한나라는 제나라에 구원을 요청했다. 제나라는 전기와 손빈(『손자병법』을 저술한 인물)을 파견해 한나라를 위기에서 구해냈다. 이때 방연이 지휘하던 위나라 군대가 제나라 군대를 쫓아 마릉까지 갔는데, 그만 손빈의 계책에 빠져 복병에게 기습을 당하여 큰 피해를 보았다. 10만 명의 사상자가 발생했고 위나라의 태자가 사로잡혔으며, 방연은 전사했다. 이 전투를 마릉 전투라고 하며, 여기서 크게 피해를 본 여파로 위나라는 서서히 세력이 위축되어갔다. 서쪽에서 진나라에 여러 차례 패배해 영토를 잃기도 했고, 마릉 전투 이듬해에는 상앙이 이끈 진나라 군대의 공격을 받아 병력의 손실이 컸다. 이렇게 싸울 때마다 패배하게 된 위나라는 더는 패자라 자처할 수 없었고, 결국 기원전 334년에 제나라와 천하를 호령하는 지위를 나누게 되었다.

상앙의 변법 추진으로 국력이 급속도로 성장한 진(秦)나라도 위나라를 꺾고자 군대를 보냈다. 이에 기원전 333년에 위의 군대를 물리치고 영토를 빼앗았다. 그 이듬해에도 위나라를 공격해 장수를 사로잡는 등 진나라는 끈질기게 위나라를 공략했다. 결국 위나라는 황허강 서쪽의 땅을 진나라에게 내어줄 수밖에 없었다. 또 다음 해에 진나라는 황허강을 건너 위나라 영토를 빼앗고 초나라까지 공격했다. 기원전 324년에는 드디어 진나라도 왕을 칭하기 시작했다.

강력한 군사력을 과시한 진나라의 동쪽 진출은 다른 나라에게도 큰 위협이 되었다. 이에 기원전 318년, 위나라의 공손연이 조·한·연·초나라 국왕을 설득하여 연합전선으로 진나라에 대항하는 전략을 내세웠다. 그러나 결국 진나라의 군사력을 이기지 못하고 연합군은 패배하고 말았다. 기원전 316년부터 기원전 315년에 진나라는 조나라의 영토를 공격했고, 기원전 314년에는 한나라를 공격하여 승리를 거두었다.

기원전 312년에는 진나라가 초나라와 단양에서 전투를 벌여 크게 승리했다. 초나라가 반격에 나서 진나라의 남전이라는 곳을 공격했으나 실패로 돌아갔다. 오히려 진나라가 초나라의 서북 지역을 차지하는 결과를 낳았다. 기원전 308년에는 한나라의 요충지인 이양을 공격했다. 이렇게 서쪽에 위치했던 진나라는 중국 중앙부로 깊숙하게 진출할 수 있었다.

강력한 전력으로 강성해진 제나라, 강력한 라이벌이 된 연나라

위나라가 날로 쇠약해지자 7웅 가운데 가장 강력한 국력을 갖춘 나라는 제나라가 되었다. 제나라의 선왕은 연나라에서 국정 운영 문제로 대신과 태자가 충돌하는 일이 발생한 틈을 노려 기원전 315년 군대를 보내 연나라를 공격했다. 가혹한 제나라 군대에 맞선 연나라의 저항도 거세졌다. 결국 제나라 군대는 물러났으나, 연나라의 국력은 약해질 수밖에 없었다.

이후 제나라는 민왕의 통치 시기에 활발한 대외 전쟁을 치렀다. 기원전 301년에는 한(韓)·위의 군사와 함께 초를 공격하여 크게 피해를 줬고, 기원전 296년에는 주변 세력과 연합하여 진(秦)나라를 공격했다. 그 결과 진나라로부터 땅을 빼앗는 성과를 거두기도 했다. 이렇게 제나라가 각국에게 승리를 거두자 다른 국가들은 긴장하지 않을 수 없었다.

기원전 286년에 제나라는 상당한 세력을 가졌던 송을 멸망시켰고, 주변 세력이 제나라에게 신하의 예를 표하게 될 정도가 되었다. 제나라의 강성함이 절정에 이르렀던 순간이다. 그러나 해마다 전쟁을 치른 제나라의 국력은 당연하게도 쇠퇴할 수밖에 없었다. 전쟁을 치르면서 국고는 점차 비어가고 병사로 차출된 백성의 희생도 엄청나게 커졌던 것이다.

한편 제나라의 침공으로 크게 피해를 보았던 연나라는 소왕이 즉위한 이후 수많은 인재를 초빙하면서 국가를 부흥시키는 노력을 기울였다. 이때에도 사(士)에 속한 지식인이 자신의 능력을 발휘할 기회를 얻기 위해 연나라로 향했다.

그 결과 20여 년에 걸쳐 국력이 성장했고, 기원전 284년에 진·초나라 등과 연합해 제나라 토벌에 나섰다. 연나라의 군대를 지휘했던 악의는 제나라의 방어선을 돌파하여 그 수도인 린쯔까지 진격했고, 제나라 민왕을 잡아 처단했다. 결국 연은 제나라의 70여 성을 점령하고 행정구역으로 삼았다.

이후 기원전 279년 연나라 혜왕 때에 제나라가 다시 연을 공략해 승리를 거두고 영토를 회복하게 되었지만, 연나라에게 받은 피해로 인해 전과 같은 국가의 위상은 되찾을 수 없게 되었다.

왕을 잃고 몰락한 초나라, 새로운 기대주 조나라

이제, 다른 나라들로 넘어가보자. 초나라는 전국 시대에 차지하고 있던 지역이 광활하고(중국 남부에 위치) 인구가 많아 국력이 상당했다. 위나라의 공손연이 또 한 번의 '합종'을 내세워 진나라를 공격하자고 했을 때, 초나라가 중심에 서기도 했다. 초나라 회왕 때에는 월을 멸망시키고 창장강 하류 지역까지 영토를 넓혔다. 그러나 나날이 강성해져갔던 진나라와 제나라의 공격을 받는 일도 많아지게 되었으며, 패배를 거듭하다가 회왕이 전사하는 상황까지 이르렀다. 이후 초나라는 지배층의 사치와 향락·국정 운영 소홀·국방력 약화 등 여러 문제로 국력의 쇠퇴를 맞았다. 그리고 기원전 280년에 진나라가 초나라를 공격했는데, 그 기세를 막아낼 수 없었다. 수년간 계속된 진나라의 공격으로 초나라는 영토를 상당 부분 잃게 되었고 국왕이 나라를 버리고 도망가는 데에 이르게 되었다. 이로 인해 초나라의 국력은 더 이상 예전과 같을 수 없었다.

조나라는 군사력 강화에 힘썼던 무령왕의 재위 시기에 북방과 서방에서 확보한 영토가 상당했다. 무령왕은 왕위를 아들(혜문왕)에게 넘기고 말년을 서북 지역 공략에 집중하는 모습을 보이기도 했다. 여러 나라는 연나라가 제나라를 공격하여 크게 피해를

준 것을 보고, 진나라와 맞설 수 있는 나라는 이제 조나라밖에 없다고 평가했다. 그리고 기원전 270년 진나라와 조나라가 활여에서 맞붙은 전투에서 조나라가 대승을 거두었다.

진나라는 조나라의 국정이 안정되고 군사력이 강대하여 쉽게 이길 수 없음을 깨닫고 진나라에서 멀리 위치한 제나라를 공격하기로 판단하고 군대를 보냈다. 그러나 기원전 266년 소왕 때에 범저(범휴, 범수라고도 불림)라는 인물을 등용하면서 전략에 큰 수정이 이루어졌다. '원교근공', 즉 먼 나라와 연합하고 이웃 나라를 공격하는 정책을 편 것이다. 먼 나라를 공격하면 이긴다 하더라도 그곳을 꾸준히 지배하기 어렵지만, 가까운 곳을 공략한다면 영토로 삼아 직접 통치할 수 있다는 논리였다. 이렇게 함으로써 다른 나라들의 '합종'을 깨뜨릴 수 있는 효과도 볼 수 있었다.

이에 기원전 263년, 진나라는 거리가 가까운 나라인 위나라와 한나라를 공략했다. 그리고 한나라와 전투를 벌이는 과정에서 상당군이라는 지역이 조나라에 넘어가는 일이 생겼다. 이곳을 놓고 진나라와 조나라 사이에 한 판 대결이 벌어졌는데, 이것이 앞에서 언급했던 장평 전투(기원전 262~기원전 260)였다. 기원전 260년에 조나라 군사가 장평에 고립되어 보급이 다 떨어지는 어려움에 빠져 진나라에게 항복하면서, 장평 전투가 종결되었다.

진나라는 조나라 병사 수십만 명을 구덩이에 파묻어 죽임으로써 철저하게 패배를 새겨놓았다.

기원전 259년에는 진나라가 조나라의 수도를 포위하고 수년 간 공격하여 제압하고자 했으나 끝내 뜻을 이루지 못했다. 그러나 이러한 진나라의 거센 침공의 영향으로 조나라는 큰 국력 손실을 볼 수밖에 없었다.

진나라의 전국 시대 통일

진나라가 대외 전쟁에서 계속 승리를 거둔 결과, 사방으로 광대한 영토와 막강한 군사력으로 다른 6국을 완벽하게 압도했으며, 황허강 유역에서 경제와 문화의 중심이 되는 지역은 모두 진나라의 영토가 되었다. 그리고 당연하게도 나머지 6국의 국력은 급속히 쇠퇴해갔다. 한나라와 위나라는 진나라 왕에게 복속하여 신하의 예를 보이는 굴욕을 감수하기도 했다. 이제 더는 6국은 진나라에 상대가 되지 않는 상황까지 이르게 된 것이다.

기원전 246년 진나라 국왕으로 정이 즉위하고 재상으로 여불위가 등용되었다. 여불위는 천하의 인재를 불러 모아 이제 6국을 완벽하게 정복하는 데 필요한 작업을 추진했다.

기원전 237년 전국 시대의 마지막을 위해 진나라의 대규모 병력이 출정했다. 진나라는 단순히 압도적인 군사력을 내세워 힘으로 6국을 제압하려고만 하지 않았다. 6국의 신하들을 매수하고 분열을 일으켜 국정 운영이 제대로 이루어지지 못하게 하는 계책도 동시에 시행했다.

기원전 230년에 진나라는 한나라를 멸망시키고 행정구역을 설치했다. 기원전 223년에는 조나라 장수 이목을 제거하고, 이듬해에 조나라의 수도를 공격하여 그 국왕인 천을 생포했다. 기원전 226년에는 연을 공격하여 복속시켰다. 기원전 225년에는 위나라의 자, 연나라 왕 희는 랴오둥으로 도망쳤다. 이듬해 진이 황허강의 물을 위나라의 대량성(지금의 허난성 카이펑)으로 끌어들이는 전술을 펼쳐 성을 함락시키고 위나라를 멸망시켰다.

기원전 223년에는 진나라 장수 왕전이 대군을 이끌고 초나라를 공격하여 그 국왕을 사로잡아왔다. 그리고 이듬해에 진나라는 초나라를 완전히 복속시켰다. 기원전 222년에는 연나라를 공격하여 그 국왕을 잡았고, 조나라 국왕이 도망쳐서 세운 '대'라는 세력도 제압했다. 연나라와 조나라의 역사는 이로써 완전히 끝을 맺게 된 것이었다.

마지막으로 남은 제나라는 기원전 221년에 멸망시켰다. 진나라가 천하를 차지하는 순간이었다.

진(秦)의 통일이 갖는 의미

진나라가 전국 시대를 통일하면서 중국 역사가 분열에서 통합으로 나아가 이른바 '제국'을 이루는 첫 결실이 이루어졌다. 중국 최초의 통일 국가라는 칭호를 붙이기에 무리가 없을 정도였고, 우리가 알고 있는 중국이라는 나라의 영역이 본격적으로 만들어지는 시작점이 마련되었다.

봉건제에 기초하여 느슨하게 각국이 주나라를 떠받드는 형세는 언젠가는 최고의 지위를 탐하는 세력에 의해 흔들릴 운명이었을지 모른다. 따라서 진나라의 통일은 하나의 군주를 중심으로 하는 통치 체제의 서막을 열었다는 점에서도 의미가 크다.

전국 시대는 앞서 살펴보았듯이 경제력이 성장하고 수많은 지식인이 활동을 왕성하게 하면서 중국이 가진 본격적인 역량이 분출되는 시기였기 때문에 분열보다는 통합이 어울릴 수 있다는 생각도 든다.

그리고 진나라가 최종 승리자가 된 것은 무엇보다도 전국 시대에 각국이 갖출 수 있는 정치·경제·사회·문화의 여러 조건을 가장 성공적으로 완성 단계에 이르게 했기 때문이지 않을까 싶다. 법가 사상으로 효율을 극대화한 정치, 세력 확장을 통한 경제력과 군사력 증대, 여러 인재의 적재적소 배치 등이 절묘하게 맞아떨어져 다른 여섯 나라를 제압할 수 있었다고 생각된다.

09

전국 시대의 사회와 문화

전국 시대에는 춘추 시대보다 더 큰 사회 변동이 나타났다. 앞서 언급한 대로 철기를 적극적으로 활용한 각국의 부국강병 추진은 더 규모가 크고 오래가는 전쟁을 일으켰다. 전국 7웅을 중심으로 모든 국가가 제후국의 지위에서 벗어나 국력을 키우기 위해 가능한 모든 방법을 동원했고, 이 과정에서 인재 양성과 등용이 중요하다는 것을 깨닫게 되었다.

이에 따라 그동안 국가의 주요 관직을 차지하고 권력을 유지했던 지배층인 귀족의 입지는 점점 좁아져갔다. 이들이 주 대와 춘추 시대에는 지식과 경제력을 가지고 사회를 이끄는 리더층이었다면, 전국 시대에는 그보다 신분은 낮지만 더 깊이 있는 학식을 갖춘 사(士)의 활약이 두드러졌다. 이는 교육을 받을 기회가 이전 시기보다 더 늘어났음을 확인할 수 있는 근거가 되기도 한다. 공자와 같이 춘추 시대 말부터 전국 시대 초에 걸쳐 활동한 영향력 있는 사상가들이 수많은 제자를 양성하고, 이들이 또다시 지식을 널리 퍼뜨려나갔던 것이다.

전쟁 속에도 지식은 꽃핀다, 제자백가의 활약

전국 시대를 묘사한 여러 기록을 보면 각국이 인재를 찾고 적절한 자리에 앉히는 데 어떠한 노력도 아끼지 않았음을 확인할 수 있다. 일부 관료나 귀족들은 다른 나라에서 사람을 초빙하지 않고 직접 문인들을 양성하는 열의를 보이기도 했다.

이를 위해서 각국은 교육 기관을 설립하거나 문인의 학문 연구를 지원하는 정책을 폈다. 제나라는 학관을 설치해 수십 명의 학자를 불러 모아 국정에 대해 논할 수 있도록 배려했다고 한다. 각국의 인재 양성의 분위기는 수많은 주장과 학설, 사상과 이를 담은 저서의 증가로 이어졌다. 전쟁과 파괴로 가득한 것처럼 보이는 전국 시대에 학문과 문예가 크게 발전했다는 점이 아이로니컬하다.

각국의 통치자들은 여러 지식인을 만나면서 그들의 입맛에 맞는 학설과 대책을 찾았고, 이에 대응하여 지식인은 각국의 상황에 맞는 논의를 궁리하고 정리하여 적극적으로 제시했다. 이것이 앞에서도 언급했던 '유세'라는 것이다.

　세상의 변동에 적절하게 호응하면서 사상이 나오고 이를 따르는 무리가 늘어나면서 학파가 형성되는 것은 지극히 자연스러운 일이었다. 유가·묵가·도가·법가·음양가 등으로 대표되는 제자백가의 성행이 바로 전국 시대의 상징이 되는 순간이라 하겠다. 하나의 학파 내에서도 다른 파들이 나타나고 있으니, 세계 역사에서 그리스의 철학이 융성했던 것과 나란하게 논쟁의 시대, 능력 우선의 시대를 만들어낸 것이다. 주장하는 바가 갈수록 뚜렷한 개성으로 자리 잡으면서 각국의 통치자는 갈수록 한 사람이 아닌 한 학파를 우대했고, 개개인의 논쟁이 아닌 학파 간의 비판과 경쟁도 활발했다.

　중국사에서 찾아볼 수 있는 모든 지식이 뿌리내린 때가 바로 전국 시대였다.

이익을 만들고 해가 되는 것은 없애는 상식의 철학, 묵가의 등장

　그렇다면 전국 시대를 대표하는 사상가와 이들이 창시한 학파의 특징은 무엇이었는지 간략하게 정리해보도록 하자. 먼저 묵가이다. 묵가는 묵자에 의해 창시되었다. 춘추 시대 말기에 노나라에서 태어난 묵자는 전국 시대의 사회경제적 상황을 고려하여 천하의 이익이 되는 것을 일으키고 해가 되는 것은 없애는 것을 국가 운영의 기본으로 삼아야 한다고 주장했다.

좀 더 구체적으로는 신분이나 직업과 관계없이 능력에 따라 사람을 뽑아야 한다는 상현, 백성에게 도움이 되지 않는 소비를 금지하는 절용, 통치자가 이익만을 앞세우며 수탈을 하거나 무모한 전쟁을 벌이는 것에 반대하는 비공, 그리고 남을 사랑하며 자신과 다른 이들의 이익을 함께 생각하는 겸애 등을 내세웠다. 상현은 귀족으로 상징되는 구 지배 세력의 권력 세습을 끊어야 한다는 것으로도 해석할 수 있으며, 귀족들이 지나치게 형식에 치우치고 향락만 추구하는 것도 경계했다.

세상의 양면을 함께 바라본 상대주의, 도가가 나타나다

도가를 대표하는 인물로는 노자와 장자가 있다. 출생에 대한 기록이 뚜렷하지 않은 노자는 『도덕경』과 같은 저술에서 사물의 속성에는 강약·장단·대소 등 대립적인 면이 존재하고 있으며, 서로 연결되고 바뀐다고 보았다. 약했던 것도 강해질 수 있으며,

작은 것도 크게 될 수 있다는 논리이다.

이에 기초하여 노자는 '아무것도 하지 않는(무위)' 정치를 주장했다. 국가의 존재 이유는 백성을 지키고 편안하게 살도록 하는 것일 텐데, 오히려 갖가지 문제를 일으켜 백성을 힘들게 하는 것은 역설적으로 정치라고 한 것이다. 노자는 "백성이 기아에 허덕이는 이유는 통치자가 세금을 지나치게 많이 거둬들이기 때문이다. 그래서 굶주리는 것이다. 백성을 다스리기 어려운 것은 통치자가 부자연스럽게 다스리기 때문이다. 그래서 다스리기 어려운 것이다"라고 하면서, 국가의 역할을 오히려 축소해야 한다는 이론을 전개했다.

장자는 송나라 사람으로 노자와 마찬가지로 상대주의 입장에서 세상을 바라보았다. 그는 "천하에 추호(가을에 털갈이하여 새로 돋아난 짐승의 가는 털)의 끝보다 더 큰 것이 없고, 태산이 오히려 작다. 어려서 죽은 아이보다 장수한 이가 없고, 팽조(몇백 년을 살았다는 전설상의 인물)가 오히려 요절했다고 말할 수 있다"고 논리적으로 말이 안 되는 이야기를 늘어놓았는데, 이를 이해하기 위해서는 다른 시각이나 잣대를 들이대어 판단해야만 한다. 터럭이나 티끌도 작은 생물의 눈에는 태산 못지않게 클 수 있다는 말이다. 모든 것을 인간의 기준으로 판단하는 세상에서 장자의 사상은 다른 차원의 접근을 요구하는 시도였다.

이런 관점에서 보면 당시의 여러 사상가의 주장 또한 옳고 그름을 결정할 수 없는 것이 된다. 모든 객관적 지식을 주관적인 것으로 돌리는 새로움을 보여준다. 이런 생각이 확대되면 성인과 악인의 구분도 무의미해지고 세상을 열심히 살아가기 위한 노력도 부질없다고까지 여길 수 있다. 천리를 따르면서 생긴 대로, 처한 상황에 맞게 순응하며, 운명을 받아들이는 것이 인간의 삶이자 덕의 핵심이라는 논리로 귀결되기도 한다.

인간의 본성을 탐구한 유가의 발전

공자의 뒤를 이어 유가를 융성하게 만든 이는 바로 추나라 사람인 맹자이다. 맹자는 공자의 손자인 자사의 문하에서 학문을 익혔다. 그의 핵심 주장은 성선설이라 할 수 있다. 인간의 본성은 본디 선하며 인간이 갖추어야 할 기본 품성인 인의예지도 선천적인 것으로 보았다. 그렇기 때문에 인간 본성을 제대로 수양한다면 자연스럽게 올바른 것으로 나아갈 수 있으며, 모든 사람이 추구하는 좋은 세상이 완성될 수 있다는 생각을 가졌던 것이다.

여기에서부터 시작해 맹자는 통치자가 취해야 할 통치의 기본을 제시한다. 바로 백성의 생계유지에 힘써야 한다는 점이다. 농민이 농토를 가지고 계속 경작할 수 있도록 하는 것이 대표적이다. 먹고사는 문제에 걱정이 없어야 옳지 않은 방향으로 가지 않는 것이다.

맹자는 아주 단순한 논리이지만 가장 어려운 일을 중시한 것이다. 이렇게 함으로써 민심을 얻어야 함을 강조했다. 그렇지 못한 통치자는 신하나 백성에게 내쫓기거나 죽임을 당할 수도 있으며 이는 정당한 것이라고 본 것이다.

조나라 출신의 순자는 전국 시대 말기에 활약한 유가 사상가로 여러 학파의 단점을 지적하고 장점을 수용하여 자기 생각을 다듬어나갔다. 도가의 세계관을 수용하여 하늘의 이치가 의도를 담고 있는 것은 아니라고 보았으나 천명을 활용해야 한다고 주장했다.

그리고 맹자와 달리 성악설을 내세워 예의를 통한 교화와 형벌을 활용하여 엄격하게 통치해야 한다는 입장을 보이기도 했다. 따라서 군주는 반드시 능력에 따라 관직을 내리고 상과 벌을 명확하게 주어야 한다고 했다. 덕치와 법치를 결합한 것이 순자의 가장 큰 특징이라고 할 수 있을 것이다.

그러면서도 순자는 왕과 백성을 배와 물에 비유하여 물은 배를 띄워 항해할 수 있도록 하지만, 한편으로는 배를 뒤집어버려

망가뜨릴 수도 있다고 주장했다. 순자 역시 민심의 무서움을 강조했던 것이다.

달라진 현실에 집중한 한비자와 손자의 사상

법가 사상가를 대표하는 이로 한비자를 꼽을 수 있다. 한비자는 이사와 함께 순자에게서 학문을 익혔다. 순자가 유가 사상가이면서도 규율의 준수를 강조하는 법치적인 성향을 가졌다는 점을 떠올리면 그의 밑에서 뛰어난 법가 사상가가 나왔다는 사실이 충분히 이해가 된다.

한비자는 현실에 근거하여 국가 정책을 펼쳐야 한다고 주장했다. 과거를 살피는 역사를 무시하는 것은 아니지만 현재의 달라진 세상에 맞춰 국가 운영을 준비해야 한다고 본 것이다. 이 논리는 주 대에 덕치와 천명사상이 유효했을지 몰라도 지금은 법을 내세워 무질서한 사회를 바로잡아야 한다는 생각으로 이어지게 되었다. 그리고 통치자에게 필요한 것으로 법과 군주의 권위, 신하에 대한 통솔력을 언급했는데, 이것들은 이후 군주 정치가 갖추어야 할 근간으로 자리를 잡았다.

한편 그는 법 이외의 지식과 학문·사상을 인정하지 않는 발언도 했다. "현명한 군주의 나라에는 죽간에 새겨둔 문헌이 없어 법을 교재로 삼고, 선왕의 말을 인용하지 않으며 관리를 스승으로 삼는다"고 하여 법가를 제외한 다른 사상은 필요 없다고 본 것이다. 이는 진나라가 전국 시대를 통일한 후 분서갱유를 단행하는 데 적용되었다.

마지막으로 손자를 짚어보아야 한다. 전국 시대에는 전쟁을 빼놓고 이야기할 수 없으므로, 병법의 기본과 핵심을 정리한 손자의 사상은 앞의 여러 사상가 못지않게 중요하다. 손자는 적군과 아군 쌍방을 이해하는 것을 중시하여 "적을 알고 나를 알면 백 번 싸워도 위태롭지 않다. 적을 모르고 나만 알면 한 번 이기고 한 번은 진다. 적도 모르고 나도 모르면 싸울 때마다 틀림없이 위태롭다"는 유명한 말을 했다.

그는 적은 인원으로도 많은 병력을 물리칠 수 있고, 약자도 강자를 제압할 수 있으며, 불리한 곳에 있었다 하더라도 승리를 취할 기회를 잡을 수 있다고 보았다. 이것이 바로 병법의 기본이 된 것이다. 상황에 맞는 적용과 융통성을 가져야 한다는 점을 강조했다.

손빈의 병법, 감조지계

마릉 전투가 벌어지게 된 것은 제나라의 손빈이 계책을 썼기 때문이었다. 사실 기원전 354년에 위나라가 조나라를 공격했을 때도 제나라가 조나라를 지원했다. 이때 제나라 손빈은 위나라의 수도를 공격하여 방연의 군대가 퇴각할 수밖에 없도록 하는 전술을 썼다. 방연은 한나라를 공격하면서 제나라가 또 지원할 것에 대비하여 태자에게 병력을 주고 제나라의 공격을 막도록 조처를 해놓았다. 예상대로 제나라는 위나라 수도를 공격하여 한나라를 구원하려는 전술을 썼는데 그게 먹혀들지 않았고, 방연은 다시 군대를 돌려 위나라 군대를 전멸시키려고 했다.

그러나 이미 손빈의 계책은 시작되고 있었다. 위나라 수도를 공격하여 열세인 것처럼 보이도록 하고, 방연의 군대가 제나라 군대를 뒤쫓도록 한 것이었다. 여기에 더해 제나라 군대의 병력이 계속 줄어드는 것처럼 보이게 해 더욱 신나게 따라오도록 했다. 여기에 동원된 전략이 병사들이 식사할 때 쓰는 아궁이의 수를 점점 줄여가는 속임수였다. 이를 '감조지계(減竈之計)'라고 한다. 이를 눈치채지 못한 방연의 군대가 마릉까지 추격했고, 손빈은 미리 그곳에 매복하고 있다가 방연의 군대를 덮친 것이다.

이때도 손빈의 계책이 빛을 발했다. 밤이 되어 마릉의 계곡에 도착한 방연의 군대가 발견한 것은 어지럽게 잘린 나무들과 겉껍질이 벗겨진 채로 서 있던 나무 한 그루였다. 횃불을 들고 방연이 그 나무에 다가가니 놀랍게도 "방연은 이 나무 아래에서 죽는다"고 씌어 있었다. 뒤늦게 함정에 빠진 것을 알고 방연이 퇴각을 명하려고 하자, 사방에서 화살이 비 오듯 날아와 횃불 주위와 위나라의 병사들에게로 쏟아졌다. 예언이 현실로 이루어지는 순간이었다.

 세계사 바칼로레아

상앙도 피해 가지 못한 악법,
과연 어디서부터 잘못된 것일까?

백성의 집을 십(什)과 오(伍)로 나누어 서로를 감독하고 연좌(連坐)
시켰다. 범법자를 알리지 않으면 허리를 자르는 요참(腰斬)에 처했
고, 범법자를 알린 사람은 적의 목을 벤 것과 같은 상을 주었으며,
범법자를 감추면 적에 항복한 것과 같은 벌을 주었다. ……본업에
힘을 다하게 하여 농사와 베 짜기에 수확이 많은 자는 노역을 면
제해주었다. ……법령이 갖추어지고 공표되기에 앞서 인민이 자
신을 믿지 않을까 염려되어 (상앙은) 3장 길이의 나무를 도읍의 시
장 남문에 세운 다음 모여든 인민에게 이것을 북문으로 옮기는
사람에게는 10금을 주겠다고 했다. 인민은 괴이하게만 여겼지 선
뜻 옮기지 못했다. 이에 다시 "옮기는 자에게는 50금을 준다"고
했다. 어떤 사람이 이것을 옮기자 바로 50금을 주어 속이지 않는
다는 것을 분명히 했다.

이처럼 상앙은 엄격한 법률을 적용해 진나라를 이끌었다. 상앙의 변법이 10년을 지나면서 진(秦)나라에서는 길에서 다른 사람이 떨어뜨린 물건도 줍지 않았고, 도적이 사라졌다. 백성은 국가를 위해 용감하게 싸움터에 나섰고, 개인의 이익을 두고 감히 다툼을 벌이지 않는 등 사회 질서가 안정되었다.

그러나 상앙의 위상은 그를 지지하던 효공이 죽고 새로 혜왕이 즉위하면서 크게 변했다. 엄한 처벌에 불만을 가진 지배층이 상앙을 몰아내기 위해 목소리를 높여갔기 때문이다. 결국 상앙은 반역을 꾀한다는 고발을 당해 한순간에 도망자 신세가 되었고, 몸을 숨기기 위해 객점에 들렀다. 그런데 당시 객점을 경영할 때에는 반드시 손님을 엄격하게 조사하여 보고하도록 규정했고, 이를 어길 경우 큰 처벌을 피할 수 없었다. 바로 상앙이 만든 법이었다. 역설적으로 이 법 때문에 상앙은 체포되어 처형되는 운명을 맞게 되었다.

예나 지금이나 사회 질서를 유지하기 위해서는 법이 필요하다. 그런데 법에 정한 내용을 글자 그대로만 받아들여 적용하고 상벌을 내리며 어떠한 사정도 봐주지 않는 것이 과연 사회를 안정시키는 방법일까? 상앙의 사례를 비롯해 다른 사례를 찾아보고 생각해보자.

넓은 중국 땅을 사이좋게 나누어 통치할 순 없었을까?

현대 중국의 면적은 세계에서 네 번째로 넓다. 그리고 수십 개의 민족이 나라를 구성하고 있다. 아주 단순한 생각을 해보면, 넓은 영토를 그곳에 사는 민족들이 나누어 차지하고 여러 나라를 세워서 살 수 있지 않을까.

중국의 역사를 보면 다양한 민족이 세운 여러 국가들이 공존했던 시대가 수차례 있었다. 송나라가 있었던 10세기~12세기만 보더라도 그 주변에 요·서하·금 등이 있어 매우 복잡다단한 관계를 만들어나갔다. 그냥 그 국가들이 더 욕심 부리지 않았다면? 그래서 중국이 지금까지도 여러 나라로 이루어져 있는 상태라면? 동아시아의 현재와 미래는 또 다른 모습으로 펼쳐졌을 것이다. 재미있는 상상 거리이다.

그러나 역사는 그렇게 흘러오지 않았다. 기원전에 중국인이 처음으로 맞이했던 분열은 최종적으로 더욱 큰 통합이라는 결과를 낳았다. 춘추 5패와 전국 7웅 등 여러 나라가 수백 년간 각지에서 강자가 되고 최후의 승자가 되기 위해 싸웠던 것은, 아마도 그들 역시 하·상·주라는 단일한 국가에 뿌리를 두고 갈라져 나왔기 때문일지도 모른다. 중국인은 어떻게 해서든 하나로 통일되려는 구심력을 선천적으로 가지고 있었던 것은 아닐까.

하늘의 뜻을 내세워 상나라를 무너뜨리고 새로운 왕조를 세웠던 주나라의 과감함은 이후에 등장하는 중국 왕조의 성립 과정에서도 찾아볼 수 있다. 신이 아닌 인간의 노력으로 포악한 왕을 물러나게 하고 새로운 세상을 만들어낸 경험은 여러 나라에 욕심을 부추기면서도 경계하는 마음을 갖게 할 수 있었다.

그러나 욕심은 더 커졌다. 갈수록 멀어져 남보다도 못한 사이가 된 제후들은 자신도 천명을 받들 수 있을 것으로 생각했다. 그렇게 춘추 시대는 찾아왔다.

중국의 사회경제 발전이 획기적으로 이루어진 시기 또한 춘추 전국 시대였다. 분열이 불러온 치열한 경쟁 구도는 인간의 성장을 극한까지 끌어냈다. 철기의 활발한 사용, 부국강병을 위한 갖가지 개혁, 그리고 각국의 성장을 끌어내겠다는 일념으로 지식을 집중시키고 정세를 날카롭게 판단해나갔던 제자백가. 인류의 발전에 필요한 모든 재료가 한꺼번에 쏟아져 나온 것 같았던 시대이다.

그리고 더 강한 나라가 다른 나라를 제압하고 하나로 만들어 혼란을 종식한 것이 다행스럽게도 그동안 쌓아 올린 사회경제적 발전을 유지하는 결과를 가져왔다. 그리고 이 결과가 다른 어떤 지역보다 중국이 수준 높은 문화를 만들 수 있었던 기초가 되었다고 생각한다.

중국은 전국 시대를 지나 진(秦)이 통일 국가의 지위를 차지했다. 모든 국가에서 왕을 칭했으니 진의 왕은 그보다 더 높은 존재여야 했고, '황제'라는 칭호가 처음으로 나온 것은 필연이었다. 이후 중국은 제국의 길을 걸어가며 동아시아의 판도를 주도하는 구심력을 발산하게 된다.

참고문헌

1. 국내서적

공원국, 『춘추전국이야기』 1~9, 위즈덤하우스.

박영규, 『춘추전국사』, 웅진지식하우스, 2015,

박한제 외, 『아틀라스 중국사』, 사계절, 2015.

신성곤 외, 『한국인을 위한 중국사』, 서해문집, 2004.

심규효, 『연표와 사진으로 보는 중국사』, 일빛, 2002.

양동숙, 『한자 속의 중국 신화와 역사이야기』, 주류성, 2017,

장광직·하영삼, 『중국 청동기 시대』 상·하, 학고방, 2013.

2. 번역서적

둥젠훙, 이유진 옮김, 『고대 도시로 떠나는 여행』, 글항아리, 2016,

리산, 이기홍 옮김, 『전국칠웅』, 인간사랑, 2016.

사마천, 김원중 옮김, 『사기본기』, 민음사, 2015.

사마천, 김원중 옮김, 『사기표』, 민음사, 2011.

사마천, 연변대학 고적연구소 옮김, 『사기열전』, 서해문집, 2006.

손잔첸, 진화 옮김, 『너무 재미나서 한 눈에 읽히는 중국사 인물과 연표』, 나무 발전소, 2017.

이중톈, 한수희 외 옮김, 『이중톈 중국사』 4~6, 2016.

젠보짠, 심규호 옮김, 『중국사 강요』 1, 중앙북스, 2015.

후쿠다 데쓰유키, 김경호·하영미 옮김, 『문자의 발견 역사를 흔들다』, 너머북스, 2016.

작자 미상, 심영환 옮김, 『시경』, 홍익출판사, 2012.

3. 논문·학술지

고미나미 이치로, 심경호, 「시경의 형성—서주 말 사회적 혼란과의 관계」, 『한자한문연구』 9, 2014.

김정렬, 「방군과 제후—금문 자료를 통해 본 서주 국가의 지배체제」, 『동양사학연구』 106, 2009.

노영돈, 「고대 동양의 전쟁관과 전쟁법—중국 춘추시대를 중심으로」, 『군사』 34, 1997.

민후기, 「서주시대의 산동—유명 청동기 출토지 분석을 통해본 산동지역 봉건」, 『역사학보』 230, 2016.

연표

시기	왕조	주요 사건
기원전 1046	서주	무왕 즉위, 상을 멸망시킴.
1038	서주	주공, 삼감의 난 진압.
976	서주	목왕의 주 통치 시작.
841	서주	공화행정 시작.
827	서주	선왕의 중흥.
770	서주 → 동주	평왕, 낙읍으로 천도(서주의 멸망과 동주의 시작).
722	동주(춘추 시대)	춘추 시대 시작.
685	동주(춘추 시대)	제 환공, 관중 등용.
656		제 환공, 중원의 패권 차지.
651		제 환공, 규구에서 회맹 주재.
632		진(晉) 문공, 성복 전투에서 초에 승리(패권 차지).
625		진(晉)과 진(秦)의 충돌(팽아 전투 발발).
551		공자 탄생.
515		오 합려 즉위.
494		오 부차, 월 구천에 승리.
473		월 구천, 오 정벌.
453	동주(전국 시대)	진(晉), 한·위·조로 분열, 전국 시대의 본격화.

시기	왕조	주요 사건
383		초 오기, 변법 실시.
356		진(秦) 상앙, 법령 개정 착수.
344		위 혜왕, 봉택에서 회맹 소집, 칭왕.
333		소진의 6국 합종 성사.
318		합종한 국가들이 한구관에서 진(秦)에게 패배(합종책 실패).
286		제, 송 정복.
263		진(秦), 위와 한 공략.
262		진(秦)과 조의 장평 전투 발발.
246		진(秦)왕 정 즉위, 여불위 등용.
237		진(秦)왕 정, 이사 등용.
221		진(秦), 전국 통일.

생각하는 힘-세계사컬렉션 04

중국 고대사의 문을 열다
철기문화의 시작, 춘추전국 시대

펴낸날	초판 1쇄 2018년 5월 15일

지은이	심원섭
펴낸이	심만수
펴낸곳	(주)살림출판사
출판등록	1989년 11월 1일 제9-210호

주소	경기도 파주시 광인사길 30
전화	031-955-1350 팩스 031-624-1356
홈페이지	http://www.sallimbooks.com
이메일	book@sallimbooks.com

ISBN	978-89-522-3848-1 04900
	978-89-522-3910-5 04900(세트)

※ 값은 뒤표지에 있습니다.
※ 잘못 만들어진 책은 구입하신 서점에서 바꾸어 드립니다.
※ 각각의 그림에 대한 저작권을 찾아보았지만, 찾아지지 못한 그림은
　 저작권자를 알려주시면 그에 맞는 대가를 지불하겠습니다.

이 도서의 국립중앙도서관 출판예정도서목록(CIP)은 서지정보유통지원시스템 홈페이지
(http://seoji.nl.go.kr)와 국가자료종합목록시스템(http://www.nl.go.kr/kolisnet)에서
이용하실 수 있습니다.(CIP제어번호: CIP2018004661)

책임편집·교정교열 서상미 김지은   지도 일러스트 김태욱